▲ 대한민국임시정부 시기의 도산 (1919)

▲ 공립협회 창립 당시 도산 (앞줄 오른쪽)

▲ 리버사이드 오렌지 농장에서 (1912)

▲ 임시정부 국무원 성립 기념 (1919. 10. 11)

▲ 동명학원 창립기념 (1924. 3. 3.)

대한민국국부 도산안창호전서 Ⅳ

도산 안창호의
편지

박화만 엮음

발간사

《국부전서》를 펴내며
- 도산 안창호를 새롭게 본다

우리는 《대한민국국부 도산안창호전서》 출간에 즈음하여 큰 기쁨과 보람을 느낀다. 도산 안창호 선생(1878~1938)의 사상과 운동을 보여주는 직접 자료들을 모두 모은 다음, 이를 누구든지 쉽게 읽고 이해할 수 있도록 손질하여 5책에 담았다. 즉, 1권과 2권에는 그의 사상이 담긴 말과 글들을 모았으며, 3권에는 상해에서 임시정부를 붙들기 위해 혼신의 노력을 다했던 9개 월 간의 분투 내용을 담은 일지를 번역하여 원문과 함께 실었고, 4권은 그가 동지와 가족들에게 보낸 편지들만을 따로 모았으며, 5권에서는 그의 행적을 가능한대로 정밀히 추적하여 상세한 연보를 작성하고 관련된 사진 자료들을 함께 실었다. 이로써 전문 관계자들만이 아니라 일반 시민들을 위한 도산 관련 자료의 현대판 집대성이 이루어졌다고 할 것이다.

돌이켜 보면 개항 직후 태어난 도산 선생께서 활동한 지난 19세기 말부터 20세기 전반은 세계사적으로도 유례없는 제국주의 전성기였다. 동아시아의 맨 끝자락에 자리한 한반도마저 마침내 그 격랑 속에 휩쓸리게 되었고 끝내는 인접한 일본제국주의에 국권을 빼앗겨 식민지 암흑천지로 전락하고 말았다. 깜깜한 밤이 되면 여기저기 별들이 나타나듯 5천년 민족 역사상 최대의 위기에 맞닥뜨려 곳곳에서 뜻있는 분들이 떨쳐 나왔다. 의사 열사 장군 여사 박사 선생 등으로 불리는 수많은 애국지사들이 온몸을 던져 맞서고 싸웠다.

총총히 빛나는 그 숱한 별들 가운데서도 가장 환히 빛나는 별 중의 별이 도산 안창호 선생이시다. 60평생을 그 전반은 쓰러져 가는 나라를 지키기 위해, 그리고 그 후반은 빼앗긴 나라를 되찾아 새로운 나라, 행복한 세상을 세우기 위해 온 생애를 오롯이 바친 참 애국자요 혁명가였다.

그런데 우리는 왜 그를 굳이 새로 대한민국의 국부라 부르는가. 그의 고결한 인격과 우리 근현대 역사 속에서의 굵직한 역할 때문이다. 먼저 도산 선생의 전 생애를 짚어보며 우리는 다음의 몇 가지 인간적 특성을 발견한다.

첫째, 그는 〈큰 꿈과 비전〉의 인물이었다.

그가 1906년 말 28세 청년 시기에 완성한 〈민족혁명 구상도〉에는 국가 독립의 달성(국권광복國權光復) 및 문명부강한 나라 건설(조국증진祖國增進)의 원대한 비전과 그것을 실현할 정밀한 계획이 담겨 있다. 그로부터 20여 년이 흐르면서 그의 생각과 경험이 더 무르익은 다음에는 대공주의(大公主義)와 애기애타(愛己愛他)라는 말 속에 그의 비전은 새롭게 집약되었으며, 궁극적으로는 전 세계 평화와 전 인류 행복의 염원을 담은 세계대공(世界大公)의 차원에 이르게 되었다.

둘째, 그는 〈비상한 용기와 결단〉의 인물이었다.

1894년 평양에서 청일전쟁의 참상을 보고 나라의 힘없음을 절감한 16세 소년 도산은 혈혈단신으로 무단 상경하여 새 세상을 보고 듣게 되었다. 선교사를 통해 서양을 알게 된 24세 청년 도산은 1902년 미국 유학을 결단한 뒤 곧바로 배에 올랐다. 5년 동안 미국 교민 사회에서 솔선수범과 섬김의 리더십으로 최고 지도자의 위치에 서게 됐던 그는 29세 되던 1907년 구국운동의 본진에 뛰어들기 위해 급거 귀국하여 비밀조직인 대한신민회를 결성했다. 경술국치 후 망명길에 오른 그는 대한인국민회를 다시 일으키고 흥사단을 창립한 후 3.1운동이 일어나자 즉시 중국으로 건너가 41세의 나이로 초기 임시정부의 중심 역할을 수행하였다.

셋째, 그는 〈협동과 조직〉의 인물이었다.

1897년 약관 20세에 독립협회에 참여하여 사회활동을 시작했던 그는 공립협회(1905)와 대한신민회(1907)와 청년학우회(1909)와 흥사단(1913)을 만들고 지도하였으며, 대한인국민회(1911)와 대한민국임시정부(1919)와 국민대표회(1923)와 유일독립당운동(1926) 한국독립당(1931)에 주도적으로 참여하였다. 그 과정에서 시종일관 동지들에게 강조한 것은 통일과 단합, 단결과 협동이었다.

물론 그렇다고 하여 당시 그가 모든 사람들의 지지를 받고 모든 세력을 다 수용할 수는 없었다. 그는 지역적으로 서북지방 평안도 출신이라는 근원적 한계를 안고 있었고 사상적으로도 공산주의 세력까지를 다 아우르지는 못하였다. 그러나 당대의 최고 지도자로서 누구보다도 가장 폭넓은 개방성과 포용력을 보여준 것은 분명하다.

넷째, 무엇보다 그는 〈높은 도덕성과 고상한 품격〉의 인물이었다.

사회적 존재인 인간의 도덕성과 품격은 돈과 권력에 대한 태도에서 가장 잘 드러난다. 우선 그는 금전 문제에서 주위 사람들의 완전한 믿음을 얻었다. 자금의 필요성이 아무리 절실한 상황에서도 그는 정당한 돈인지 여부를 먼저 가렸다. 정당한 돈임이 확인되면 또 그것을 보낸 사람의 뜻을 확인하였다. 그래서 특별한 공적 용도로 보낸 것인지 조건 없는 사적 지원인지를 분명히 가린 다음에야 비로소 그에 맞게 사용하였다.

또한 그는 자신이 가진 지위나 힘을 결코 스스로를 위해 사용하지 않았다. 그는 언제나 자신을 낮추는 겸양과 솔선수범의 자세로 공익을 위해 헌신 봉사하였다. 조직 속에서 그는 늘 윗머리에 서려하지 않고 밑에서 섬기는 자세를 견지하였다. 3.1운동 후 임시정부의 통합을 주도하면서 내무총장에서 노동국총판으로 스스로 내려앉은 일은 그 단적인 사례였다.

이밖에도 그는 경박한 언행이나 이성 문제 등으로 논란된 적이 일체 없었다. 오랜 기간을 가족과 떨어져 생활하였지만 엄격한 절제로 주변의 믿음을 확보하여 지도자로서의 위신과 도덕적 권위를 잘 유지할 수 있었던 것이다. 명실공히 최고위 지도자로서 대중들의 모범이 되기에 넉넉한 품격을 가졌고 거기서 나오는 큰 감화력을 지녔기에 그에게는 〈민족의 스승, 만인의 사표〉라는 참으로 명예로운 이름이 따랐다.

그러나 우리가 도산 안창호를 〈대한민국국부〉라는 또 다른 이름으로 새롭게 부르려 하는 것은 위의 인간적 장점들 때문만은 아니다. 그것들은 최소한의 필요조건일지언정 충분조건까지 되지는 않는다. 무엇보다 그가 역사적으로 대한민국의 성립 과정에서 수행한 과거 업적과 함께 현재와 미래에 시사하는 함축적 의미까지도 헤아리기 때문이다.

도산 선생은 우리 근대 역사 초기에 생각은 물론 온몸으로 민주주의를 철저히 체득한 최초의 선각자였다. 아울러 자유평등의 근대 시민사회와 국민주권의 공화국가 건설을 앞장서 선창한 선도자였다. 그리하여 먼저 한말에는 대한신민회를 결성하여 근대시민(近代市民)의 양성과 민주공화국 건설을 위한 최초의 대중운동인 신민신국(新民新國)운동을 주도하였으며, 일제강점기에는 해외 한인의 총결집체인 대한인국민회를 대표하였으며, 3.1운동 후에는 한국 민족의 정신적 구심체가 된 대한민국임시정부를 이끌어 해방 후의 대한민국에 접목시킬 수 있도록 키우고 지켜냈다.

수난의 우리 근현대 역사에서 한말의 신민회는 민주공화국가 대한민국의 정신적 뿌리였으며, 국권 상실 후 1910년대의 대한인국민회는 〈무형(無形)의 국가〉와 〈임시(假)정부〉를 스스로 자임하였으며, 대한민국임시정부는 현재의 우리 대한민국의 법률적 아버지이다.

비록 그 자신은 해방 7년 전에 순국하여 오늘의 대한민국을 직접 볼 수 없었다. 그러나 신민회의 창설자요 지도자였으며, 대한인국민회의 중앙총회장으로서 최고 중심인물이었으며, 대한민국임시정부의 기반 확립자요 가장 든든한 지지옹호자였다는 역사적 맥락에 비추어 보면 도산 안창호 선생이야말로 오늘의 대한민국이 있게 한 최대 공로자였다는 점에 이견이 없을 것이다.

물론 엄격히 말하면 도산 안창호 선생이 생전에 소망했던 대한민국은 오늘의 남쪽만의 분단국가일 수는 없다. 당연히 한반도 전체를 포괄하는 민족국가였다. 대한민국은 그를 비롯한 독립선열들께서 간절히 바랐던 그 통일 민족국가를 표상하는 국호였던 것이다. 장차 어느 시기에 남북이 다시 화해하고 나아가 평화적으로 합쳐지게 되면 그때까지도 우리의 국호가 반드시 대한민국이라는 보장은 없다. 그때 가서 민족 구성원들의 다수 의견에 따라 결정될 일이다.

그러나 그 통일국가는 국호가 무엇이든 반드시 지난 시기 도산 선생이 꿈꿨던 자유와 평등이 잘 어우러진 진정한 민주주의 사상인 대공주의(大公主義)와 내용적으로 합치되는 나라일 것이다. 장차 남북이 하나가 된 대공주의 통일 민족국가가 서면 그때 전체 한국민족은 도산 안창호 선생을 더욱더 분명한 우리의 국부로 인식하고 따라 배우게 되리라 확신한다.

따라서 이번 《국부 전서》 발간의 의의는 단지 지나간 역사 속의 한 인물인 도산 선생 개인을 기억하고 추앙하려는데 그치지 않는다. 우리의 현재와 미래를 올바로 열어 가기 위한 노력과도 직결되어 있다. 우리는 그동안 우리가 이룩한 엄청난 성취에도 불구하고 아직 여러모로 부족하고 혼란스러운 오늘을 근본적으로 성찰할 필요가 있다. 그 바탕 위에서 평화와 번영의 내일을 모색하는데 힘을 모아야 한다.

눈 밝은 이들은 그의 과거 언행과 함께 이 책 페이지마다에 박혀 있는 크고 환한 미래 비전까지도 찾아낼 것이다. 장차 우리가 대공주의와 애기애타와 세계대공과 인류행복의 큰 바다를 향해 가는 동안 도산 안창호 선생은 단지 〈겨레의 스승〉과 〈대한민국 국부〉에 그치지 않고 점차 〈전 인류의 스승이요 지도자〉로 떠오르게 되리라 믿는다.

  아무쪼록 이 자료집이 널리 읽혀져 오늘의 우리들에게 내일을 향한 횃대와 등대가 되기를 바라마지 않는다. 우리 모두가 그의 고결한 인격에 감화받고 고상한 비전에 공감하게 된다면 전 세계인들로부터 1등 국민으로 아낌없는 존경을 받게 될 것이다. 누구보다도 우리 사회의 지도층들이 도산 선생에게서 배울 수 있기를 진정으로 바란다. 일체의 사리사욕을 초월한 그의 대공복무(大公服務)의 정신과 헌신봉사의 자세야말로 우리 사회 각계각층의 리더들에게 절실히 요청되는 미덕이라 본다. 무엇보다 우리의 미래를 떠맡을 청소년들에게 소중히 읽혀져 큰바위 얼굴의 역할을 할 수 있다면 더없는 보람이라 하겠다.

2025년 3월 1일

흥사단

엮은이 말

도산 안창호 선생은 말과 글에 다 능하였다. 특히 당대 최고의 웅변가로서 수많은 연설과 담화 및 구술을 남겼다. 뿐만 아니라 가족과 친지, 동지들에게 보낸 편지도 다수 전해지고 있다. 물론 훨씬 더 많은 편지들이 보존되지 못하고 사라졌겠으나 현재 남은 글들에서도 그의 가족 사랑, 동지사랑, 겨레사랑, 인류사랑의 정신이 절절하게 담겨 있음을 본다.

이번에 우리 발간위원회에서는 도산 선생께서 보낸 편지들을 한 책에 담아서 《도산안창호의 편지》를 《대한민국국부 도산안창호전서》의 제4권으로 발간하기로 하였다. 여기에는 크게 〈동지에게 보낸 서한〉 20건과 가족과 친지에게 보낸 편지 138건을 실었다. 〈동지에게 보낸 서한〉은 기왕에 엮은이들이 2년 전에 만든 《도산 안창호의 말씀》(2023)에 실었던 내용을 옮겨왔고, 〈가족과 친지에게 보낸 편지〉는 새로 수집 정리해서 싣되 다시 아내 이혜련 여사와 다섯 명의 자녀들에게 보내는 편지와 친지에게 보내는 편지로 구성하기로 하였다.

엮은이는 이번에 특히 〈가족과 친지에게 보낸 편지〉에 중점으로 두고 자료를 조사하였다. 다행히 이에 대한 기존 자료들이 있어서 큰 도움을 받을 수 있었다. 첫째, 박재섭·김형찬 편저 《나의 사랑 혜련에게》(1999, 도서출판 소화), 둘째, 사단법인 도산안창호선생기념사업회의 《도산안창호전집》(제1권)(2001, 신생커뮤니케이션), 셋째, 윤병욱 엮음 《그대 가슴에 살아 있고 싶다》(2007, 샘터사) 등이었다.

이 세 자료를 대상으로 그 내용을 면밀히 검토하였다. 우선 도산의 친필 그대로 복사 편집된 《도산안창호전집》(제1권)의 편지 내용과 활자로 된 두 단행본을 비교한 결과 전체의 자료가 139건인 것으로 밝혀졌다.

	도산안창호전집	나의 사랑 혜련에게	그대 가슴에...	전체
부인에게	111	108	80	115
자녀에게	16	16	13	20
친지에게	4	2	1	4

이 139건의 대상 자료 가운데 하나는 부분적으로 훼손되어 있었고, 또 다른 하나는 대부분의 내용이 중복된 채 실려 있는 것도 있었다. 그래서 중복된 편지 한 개를 제외하고 138 건을 놓고 원문을 한글로 바꾸었다. 특히 현대인이 이해하기 어려운 한자말은 쉬운 우리말 다음의 괄호 안에 부기하였다. 그밖에 경어체 혹은 고어투의 표현은 청소년들도 쉽게 알 수 있도록 현대적인 용어로 수정하고 사투리는 표준어로 바꾸었다.

이 책에 수록된 편지들은 도산 선생께서 본격적으로 민족운동을 펼치기 시작한 1904년부터 서거하기 전 해인 1937년까지의 역사 속 한 거인의 내면을 숨김없이 전해 준다는 점에서 매우 값지다. 도산 안창호라는 한국 근현대사 최고의 인물이 그의 가족 친지와 동지들에게 얼마나 큰 사랑으로 동행하였는지 후세의 우리들에게도 큰 감동을 선사할 것으로 확신한다.

엮은이는 이처럼 소중한 편지를 남기신 원작자 도산 안창호 선생께 새삼 머리 숙여 존경의 마음을 바친다. 아울러 이 책의 편집과 발간에 정성을 기울여 주신 디자인 세창의 김충수 대표님과 관계자 여러분께도 감사의 말씀을 드린다.

차례

제1장 동지들에게 보낸 서한   1

1. 양주삼 씨에게   2
2. 이강에게   4
3. 김병연에게   12
4. 문양목 씨에게   13
5. 홍언에게 보낸 편지   15
6. 정한경에게 보낸 서신   26
7. 민찬호·정한경에게 보낸 서신   28
8. 이승만에게 보낸 서신   32
9. 이승만에게 보낸 업무 연락   33
10. 고 양한묵 선생 추도에 관한 서신   35
11. 청년외교단의 건의를 가납함   36
12. 이승만에게 보낸 서한   37
13. 이상룡 선생께 보낸 서한   39
14. 차경신에게   42
15. 이유필과 조상섭에게 보낸 서한의 초고   46
16. 홍언 동지에게 보낸 답장   57
17. 송종익에게 보낸 서한   61
18. 대전 감옥에서 친지에게 보낸 편지   62
19. 김홍서에게 보낸 서한   63
20. 이광수에게 보낸 서신   69

제2장 부인에게 보낸 편지   **71**

1. 1904년 3월 25일   72
2. 1904년 3월 31일   73
3. 1904년 4월 1일   75
4. 1906년 1월 6일   76
5. 1906년 7월 28일   77
6. 1906년 8월 2일   78
7. 1906년 12월 4일   79
8. 1906년 12월 17일   80
9. 1907년 1월 7일   81
10. 1907년 5월 7일   82
11. 1907년 5월 20일   83
12. 1907년 5월 25일   84
13. 1907년 6월 3일   85
14. 1908년   86
15. 1908년   87
16. 1908년 3월   88
17. 1908년 7월 27일   89
18. 1908년 8월 14일   90
19. 1907-1909년   91
20. 1908년 11월 20일   92
21. 1908년 12월 30일   94
22. 1909년 2월 10일   95
23. 1909년 4월 15일   96
24. 1909년 6월 3일   97
25. 1909년 9월 14일   98
26. 1909년 12월 16일   99

27. 1910년 1월 20일	100
28. 1910년 4월 29일	101
29. 1910년 8월 10일	102
30. 1910년대	103
31. 1910년 9월 4일	104
32. 1910년 10월 19일	105
33. 1910년 11월 3일	106
34. 1911년 2월 2일	107
35. 1911년 2월 17일	108
36. 1911년 6월 25일	109
37. 1911년 8월 24일	110
38. 1911년 9월 4일	111
39. 1911년 9월 5일	112
40. 1912년 1월 24일	113
41. 1912년 1월 31일	114
42. 1912년 2월 3일	115
43. 1912년 2월 3일	116
44. 1913년 3월 5일	117
45. 1910년대	118
46. 1913년 7월 10일	119
47. 1914년 1월 9일	120
48. 1914년 7월 20일	121
49. 1914년 7월 31일	122
50. 1914년 8월 15일	123
51. 1915년 8월 24일	124
52. 1917년 7월 29일	125
53. 8월 7일	126
54. 1917년 10월 12일	127

xi

55. 1917년 10월 17일	128
56. 1917년 10월 20일	129
57. 1917년 12월 11일	130
58. 1918년 1월 24일	131
59. 1918년 3월 14일	133
60. 1918년 4월 20일	134
61. 1918년 4월 23일	135
62. 1918년 4월 30일	136
63. 1918년 5월 11일	137
64. 1918년 6월 22일	139
65. 1918년 7월 6일	140
66. 1918년 8월 9일	141
67. 1918년 8월 26일	142
68. 1918년 10월 17일	143
69. 1918년 11월 24일	144
70. 1918년 12월 22일	145
71. 1919년 1월 6일	146
72. 1919년 4월 9일	147
73. 1920년 2월 23일	148
74. 1920년 4월 22일	150
75. 1920년 5월 1일	152
76. 1920년 5월 3일	154
77. 1920년 5월 18일	155
78. 1920년 8월 3일	156
79. 1920년 11월 24일	158
80. 1920년 12월 15일	159
81. 1921년 7월 14일	161
82. 1922년 2월 26일	165

83. 1922년 11월 23일	167
84. 1924년 1월 13일	170
85. 1924년 12월 6일	172
86. 1925년 4월 15일	173
87. 1925년 5월 9일	174
88. 1925년 5월 23일	175
89. 1925년 6월 14일	176
90. 1925년 6월 18일	178
91. 1925년 6월 22일	179
92. 1925년 7월 11일	180
93. 1925년 7월 12일	182
94. 1925년 7월 28일	183
95. 1925년 11월 13일	184
96. 1925년 (낙장)	185
97. 1926년 3월 13일	187
98. 1926년 3월 23일	189
99. 1926년 4월 12일	190
100. 1926년 4월 16일	191
101. 1926년 6월 12일	192
102. 1926년 9월 22일	194
103. 1927년 7월 1일	195
104. 1932년 1월 16일	197
105. 1932년 5월 27일	198
106. 1932년 6월 19일	200
107. 1932년 10월 14일	201
108. 1933년 6월 1일	202
109. 1934년 1월 27일	207
110. 1934년 4월 9일	209

111. 1934년 8월 5일	212
112. 1934년 10월 1일	215
113. 1934년 12월 9일	216
114. 1936년 8월 7일	217

제3장 자녀에게 보낸 편지   221

1. 1915년 7월 9일	222
2. 1918년 3월 23일	223
3. 1920년 5월 18일	224
4. 1920년 5월 18일	225
5. 1920년 8월 3일	226
6. 1920년 8월 3일	227
7. 1920년 후반	228
8. 1925년 4월 15일	229
9. 1925년 5월 15일	230
10. 1925년 5월 15일	231
11. 1925년 5월 23일	232
12. 1925년 5월 23일	233
13. 1925년 7월 5일	234
14. 1925년 7월 5일	235
15. 1925년 7월 6일	236
16. 1925년	237
17. 1920년대 후반	238
18. 1930년대 초	239
19. 1932년 11월 8일	240
20. 1934년 10월 1일	241

제4장 친지에게 보낸 편지   **243**

1. 1907년 1월 27일   244
2. 1907년 2월 15일   246
3. 1914년 6월 6일   247
4. 1932년 5월 24일   248

제1장

동지들에게 보낸 서한

제1장 동지들에게 보낸 서한

1. 양주삼 씨에게

○ 梁柱三 씨[1] (1911. 11. 8.)

〈역문〉

양주삼 씨

다년간 멀리 떨어져 서로 그리워하며 다시 만날 수 있을지 못할지 알지 못하여 가슴이 답답하옵다가 다행히 어렵게나마 길을 찾아 이곳에 도착하여 악수할 시일이 머지 아님을 생각하고 위로를 받았고, 겸하여 이 편지를 받아 읽어 보니 더욱 위로하여 마지 않습니다. 귀 편지가 (여기저기로) 몇 번씩 옮겨진 끝에 전달되어 제가 롱비치(LongBeach)에 머물 때에 보았는데 즉시 답장하지 못하였사오니 미안하오이다.

물어보신 몇 조건은 저 또한 먼저 고하고저 하던 바입니다. 이번에는 좀 생각이 분주하여 말씀드리지 못하옵고 며칠 후에 다시 조목을 갖추어 말씀드리려고 하니 기다려주심을 바라옵나이다. 제가 현재 업풀민드에 있는데 오늘 노산을 가서 다시 롱비취로 가겠습니다.

1911년 11월 일

---

[1] 도산기념사업회, 《도산안창호전집》 제1권. 2000. 296쪽.

〈원문〉

양주삼 씨

多年間 隔遠ᄒ와 셔로 그리난 中 更逢되고 안됨을 아지 못ᄒ야 悶鬱ᄒ옵다가 幸得苟路하야 到于此地에 握手ᄒ올 時日에 머지 아님을 생각ᄒ고 稍慰이옵고 兼ᄒ여 惠書를 奉覽ᄒ오니 尤慰 萬千이웨다.

貴函이 몃번 轉傳되와 弟가 LongBeach에 留할 時에 보앗고 卽時 答函치 못ᄒ엿ᄉ오니 未安ᄒ오이다. 下問하신 몃됴건은 弟亦 先告코져ᄒ옵던 바라 今次에난 좀 생각이 분쥬ᄒ와 仰陳치 못ᄒ옵고 몃날 后에 다시 條目을 갓추아 上達ᄒ오리니 기다려주심을 仰要ᄒ옵나이다. 弟 現在 업풀민드이 온대 今日 노산을 가셔 다시 농비취로 가겟슴나이다.

四二四四年 十一月 日

2. 이강에게

○ 李剛에게2) (1914. 4. 7.)

〈역문 1〉

　보내주신 글 잘 읽었사오며 안공(안중근)의 사진도 잘 받았습니다. 국민회표(國民會票)를 주문하려고 몇 곳 패물제조소에 문의한즉 값이 그중 적게 하더라도 2천 개 한하고 한 개에 미화로 1달러 25센트라 하오니 여기에서 주문하는 것이 아주 불리할 뿐더러 거기서 가진 돈으로는 몇 개를 만들 수도 없으니 그곳에서 베를린 등지에 직접 주문하는 것이 좋겠고, 그렇지 않으면 전에 공립협회 때 회표 만들었던 품질로 현시 회표 등을 인쇄함이 어떠 하올런지요?

　안공의 유상장[遺像章, 죽은 사람의 문장(紋章)]은 머지않아 제조하겠나이다. 제가 늘 병중에 있어 아직도 매사가 속히 처리되지 못하오니 널리 이해하시옵소서. 원근에 있는 동지 간에 격조하오나 어쩔 수 없이 불가피한 상황 때문입니다.

〈원문 1〉

　惠示를 謹悉하오며 安公의 影本도 依受하엿나이다. 國民會票를 注文하랴고 數處佩物 製造所에 問議하온즉 價額이 그중 적게 하더라도 2천 개 한하고 매개에 미화로 1元25仙이라 하오니 此地에 주문함이 大不利할 분더러 그 地의 돈으로는 몇 개를 만들 수도 없으니 貴地로서 伯林 등지에 직접

---

2) 《도산안창호전집》 제1권, 2000. 301-309쪽. 망명 후 미국으로 간 도산이 연해주에 있던 동지 이강에게 보낸 서한이다.

주문하는 것이 似好이고, 不然이면 전일 공립협회 시 회표 만들었던 품질로 현시 회표 등을 인쇄함이 어떠하올런지요. 안공의 遺像章은 不久에 제조하겠나이다. 弟가 병중에 尙在하야 아직도 매사가 속히 처리되지 못하오니 혜량하시옵소서. 원근에 재한 동지간 隔阻하오나 勢所然也웨다.

〈역문 2〉

문우(文友, 기자) 청빙으로 말 하오면 제가 심히 원하오나 지금은 도저히 힘이 미치지 못합니다. 전에는 신(신채호), 장(장도빈) 두 형 중에서 미국으로 오게 하기 위하여 돈을 모아 보냈더니 사람도 아니 오고 돈도 아니오니 여러 사람의 의심을 받으매 그 후에 김중희(김성무의 누이)씨가 올 때를 이용하여 문우 1인을 같이 오게 하려고 차정석(車貞錫)씨와 협동하여 동채서취(東債西取, 여기저기서 돈을 빌림)로 만들어 보냈더니, 김 여사는 오지 않기로 작정하여 김 여사와 문인도 아니 오고 나머지 돈도 아니오니 차(車)형 내외는 빚만 지고 상심으로만 지내나이다. 우리들 일이 작고 큰 것을 막론하고 김 여사는 마(魔)가 참 많으니 좋다고 말할 수 없는 시간입니다.

그러므로 개인의 재정으로는 불가능하고 공회(公會, 국민회) 재정으로 행하려 한 즉 초청된 문우가 공중(公衆)에게 속전(屬錢, 채무자가 됨)이 되어서 약 3년 간 공회 사무에 헌신하면 가하거니와 그렇지 않으면 문우는 신의를 지키지 않는다고 불평할 것이고 인심은 인심대로 불평할 터이니 공회 재정으로 하기도 어렵습니다. 공회 재정이라도 중앙총회가 할 수만 있다면 혹 가능할 수도 있겠는데 이는 주권자(동포들)가 찬동일 뿐더러 현재 집권자(임원진)가 모두 우리 동지이므로 중간에 다른 변동이 없을 듯합니다. 그러나 중앙부 실력이 아직은 미치지 못합니다. 장도빈씨에게 보냈던 돈이 다 없어졌는지요? 그 돈의 쓰여진 사실이라도 알면 여러 사람들에게 증거나 삼으려고 합니다.

⟨원문 2⟩

　文友請聘으로 말하오면 제가 심히 원하오나 지금은 역불급이웨다. 向者에는 申張 양형 間 들어오게 하기 위하야 돈을 鳩聚하야 보내였더니 사람도 아니오고 돈도 아니오니 衆人의 의심을 받으매 그후에 김중희(成武씨 妹)의 옴을 이용하야 文友 1인을 같이 오게하랴고 車貞錫 씨와 협동하야 東債西取로 돈으로 맨드러 보내였더니 김여사난 丞 渡來 아니하기로 작정하야 김여사와 문인도 아니오고 남아지 돈도 아니오니 차형 내외는 債務 中 傷心으로만 지내나이다. 吾儕 事난 적고 큰 것을 물론하 김여사는 고 魔가 참 많으니 不謂有味한 시간이웨다. 然한즉 개인의 재정으로 불능하고 公會 재정으로 행하려 한즉 被請하난 文友가 공중에게 속전이 되야서 약 3년간 공회 사무에 헌신하면 가하거니와 불연이면 문우난 신의를 負한다고 불평을 難免이고 인심은 불평할 터이니 공회 재정으로 행키난 저어 하나이다. 공회 재정이라도 중앙총회로서 할 수만 有하야 行하면 혹 가할 듯 하온대 此는 주권자가 찬동일뿐더러 現時 집권자가 皆是 吾 동지인고로 중간 別한 변동이 無할까 하옵나이다. 然이나 중앙부 財力이 아직은 불급하나이다. 장도빈씨의게 보내였든 돈이 다 없어졌는지요. 그 돈의 支用된 사실이라도 알면 衆人에게 증거나 하려고 하나이다.

⟨역문 3⟩

　동방에서 여기로 오는 사람이 날로날로 늘어납니다. 그 원인은 본시 사물 상에 몽매하여 재래의 동포가 원래 무식하고 가난한 하류인들로서 외지에 나와 노동으로 생활하면서 단체도 유지하고 신문도 간행함을 가상하다고 여기지 않고 과도한 희망을 품고 와서는 동포의 행동이라든지 사회 세력이 본래 희망에 부합하지 못한다고 낙심하고, 또는 빈손으로 이역에서 혼자 노동으로라도 생활할 수 있는 것을 다행으로 생각하지 않고 며칠 노동에 곤경을 당하면 또한 낙심하여 불평을 품고 애꿎은 한인사회를 부패하다 무력하다 하고 불평만 하니 도무지 사리에 어리석어 재미 한인의 의무와 자격을 불찰함이더이다.

〈원문 3〉

동방으로 此地에 來하는 자 익익 증가하더이다. 기 원인은 본시 事物上에 몽매하야 在來 동포가 근본 무식하고 빈곤한 하류인들로서 외지에 나와 노동생활하면서 단체도 유지하고 報誌도 간행함을 가상히 여기지 않고 理外 희망을 품고 와서는 동포의 행동이러던지 사회세력이 근본 희망에 不符한다고 낙심하고 또는 空手로 異域에 혼자 노동으로라도 생활할 수 有한 것을 當幸으로 생각지 않고 몇 날 노동에 곤경을 당하면 또한 낙심하야 불평을 품고 애꿎은 한인사회를 부패하다 무력하다 하고 불평만 하니 도시 사물상 蒙昧로 재미 한인의 義務와 資格을 불찰함이더이다.

〈역문 4〉

오호라, 우리 민족의 그 심성이여, 불신과 불의가 뇌마다 꽉 차 있도다. 성재(이동휘) 형이 저에게 편지하기를, 금년이 갑인년이라. 우리 민족이 최근에 갑인 갑인 하고 올해를 크게 희망하였으니 금년 중에 불가불 거사(독립전쟁)해야 할 것인즉 그 방법을 말해 달라 하고, 또 그곳 인사들과 합의한 것처럼 말씀하였거늘, 추정(이갑) 형께서 물을 때에는 모릅니다 라고 하였다니 성재가 추정을 속인 것입니까. 거사 문제의 가부는 불문하고 이동휘가 이갑을 속이면 그 누가 서로를 믿을 수 있겠습니까, 참으로 아프고 아프니다. 이 일을 묵묵히 홀로 생각하매 스스로 가슴이 아프고 스스로 슬프며, 이동휘 씨에 대하여는 의리(義理) 불통(不通)이라고 배격할 마음은 아니 나고 우리 민족의 심리를 통한할 따름입니다.

〈원문 4〉

오호라, 吾種之 其심성이여, 不信不義가 뇌마다 잠기었도다. 誠齋형이 此弟에게 편지하기를 금년이 甲寅年이라 아 민족이 向來로 갑인 갑인 하고 是年을 크게 희망하였으니 금년 간에 불가불 거사인즉 기 방법을 示하라 하고, 또는 該地 인사들과 협의한 양으로 말씀하였거늘 秋汀丈이 問할 시에는 不知云 하였다니 성재가 추정을 欺罔乎아 擧事問題에 可否는 불문하고 이동휘가 이갑을 속이면 其雖相信가 可痛可痛이라 차에 대하야 묵묵히 생각하매 自痛自哀하고 이동휘 씨에 대하여는 의리불통이라고 排却할 心은 아니냐고 我種의 심리를 痛恨하노이다.

〈역문 5〉

이동휘 씨가 이갑 씨에게 신의 없이 한 짓 가지고 버리자면 취할 사람이 아무도 없겠고 만일 우리 두 이 형이 불행히도 사이가 벌어지는 때에는 우리들이 바라는 대동통일에 큰 타격을 입으리니 앞으로 동휘 형이 이갑 씨에게 어떤 행동이 있던지 개의치 말고 성심으로 화합하도록 하여야 대사가 어그러지지 않겠습니다. 이 일을 도무지 말하지 않으려다 우리 앞길에 큰 관계가 있는 고로 이처럼 알려 드리니 형은 주의하시고 추정 형님께도 주의하시도록 미리 알려 주십시오. 또는 제 생각에 성재 형이 아직도 확실한 주의와 정신을 세우지 못한 듯 합니다. 임준기 전명운 양씨에게 북간도 학교 유지를 위하야 후원금을 모집하여 보내라 하였으니 금년에 거사하겠다는 사람이 어찌 학교 유지를 개념하겠습니까.

〈원문 5〉

이동휘씨가 이갑씨 앞에 신의 없이 한 것으로 버리자면 취할 사람이 전무(全無)하겠고 만일 吾 兩 李兄이 불행히 간격되는 대에는 吾輩의 희망하는 대동통일의 大損을 被하리니 장래의 동휘 형이 다시 이갑 씨에게 여사한 행동이 有하던지 개의치 않고 誠心으로 和衷하여야 大事가 不去하겠나이다. 此等事를 도모지 말 아니하려 하다가 吾人 前途에 大關係인 고로 如是仰達하오니 吾兄은 주의하시고 추정 장께 주의하심을 豫告하시옵소서. 또는 愚見에 성재형이 아직도 주의와 정신을 세움이 없난 듯하오이다. 임준기 전명운 양씨에게 북간도 학교 유지를 위하야 持金을 모집하여 보내라 하였으니 금년으로 거사하는 자 어지 학교 유지를 槪念하리오.

〈역문 6〉

그곳 청년들이 흥사단에 입단하기를 청원하므로 지부 설립을 청원하였으니 그곳이나 이곳의 일반 동지들이 매우 기쁘오나 지부 설립은 아직 아니 되겠고, 입단에 대해서는 입단금 10원 씩과 상세한 이력서가 온 뒤에 예비단우로 승인될 듯하고 정식 단원은 예비단우 된 6개월 내지 그 후에 다시 서약을 하고서야 됩니다. 본 단의 약법을 보내드리오니 자세히 살펴보시옵소서.

본 흥사단은 아직 신문에 떠들기도 원치 않고 하와이와 그밖의 다른 곳을 물론하고 단지 교제로나 합동하기를 원치 않고 무실역행을 품고 나아가는 때에 진실한 마음으로 헌신하려고 하는 자만 가입을 허락하고 그 지위나 권리를 묻지 않습니다. 그곳 청년 중에도 자각이 완전하여야 가하오니 깊이 헤아려 주십시오.

〈원문 6〉

　貴地 청년 諸氏가 흥사단에 입단키를 청원하매 지부 설립을 청원하였으니 貴地此地 일반 동지 극히 欣仰하오나 지부 설립은 아직 아니 되겠고 至若 입단하여는 입단금 10元式과 상세한 이력서가 來한 후에 예비단우로 許入될 듯하고 정식 단원은 예비단우된 지 6개월 내지 후에 重힌 서약을 행하고야 되나이다. 본단 약법을 仰付하오리니 詳量하시오소서. 본 흥사단은 아직 신문상에 떠들기도 원치 않고 布蛙와 他處를 물론하고 교제으로나 합동키를 원치 않고 무실역행을 품고 나아가는 대에 實心獻身코저 하는 자만 許入하고 기 地位와 권리를 불문하나이다. 귀지 청년 중에도 자각이 완전하여야 可 하오니 深量焉하시옴.

〈역문 7〉

　형께서 곤란 중에 계시온대 작은 힘도 도와드리지 못하오니 스스로 부끄러워 마지 않습니다. 이곳의 여러분이 영업에 착수하였다가 모두 실패한 후로 경제상 어려움이 형언할 수가 없습니다. 저의 소회는 때로는 의기소침하고 때로는 의욕이 솟아 심정이 평온하지 못할 때가 많습니다.

　제1단 의사부가 성립되었는데 의사원은 황사용 정인남 곽림대 임초 등이고 의장은 제가 맡았고, 회장은 전과 같이 임준기 씨입니다. 의안은 아래에 제시하였사온데 의결 후 반포하겠습니다.

　제2단 흥사단은 단원 수가 45인이고 기금은 450원에 달하였나이다.

1914년 4월 7일 도산 아우 씀.

〈원문 7〉

형께서 곤란 중에 계시온대 一分之力도 찬조치 못하오니 自愧不已하나이다. 此地 제씨가 영업에 착수하였다가 全數 실패한 후로 경제상 공황이 불가형언이웨다. 弟의 所懷는 或切或增하야 심정이 불평한 때가 많소이다.

第1團 議事部가 성립되었는데 의사원은 황사용 정인남 곽림대 임초 등이고 의장은 제가 弟가 擔任하였고 회장은 전대로 임준기 씨 이웨다. 의안은 右에 提示이온데 의결 후 반포하겠나이다. 제2단 흥사단은 단원 수가 45인이고 기금은 4백5십元에 달하였나이다.

4247년(1914년) 4월 7일 도산 弟 書

3. 김병연에게

● 金秉堧에게 보낸 서신3) (1914. 추정)

   김군, 일원(一元)은 최진하 군에게 전하여 이 개수의 인구세로 내게 하여 주십소서. 병연군, 나의 생활은 십년을 하루 같이 원수의 가난이 떠나가지 않고 제(弟)의 심신을 공격하는 중에도 가히 우스운 일이 작년의 퍼센트로 삼백사십 에이커와, 날 일로 백여 에이커를 하였는데, 퍼센트로 한 것이 타작이 다 되지 못하였으니, 단의 진 빚을 다소간 갚아 볼까 하였더니 또 헛생각이 되었소이다. 항상 귀처 안녕히 지내 십소서.

---

3) 《도산안창호전집》 제1권, 2000. 355쪽.

4. 문양목 씨에게

● 文禳穆 氏에게4) (1916. 2. 13.)

〈역문〉

문양목 씨

막힌 회포가 산처럼 쌓이고 온갖 정이 물같이 깊은 가운데 하늘에 오가는 구름만 봐도 당신 생각이 간절하던 차에 바다 건너서 보내주신 글 잘 받았습니다. 당신이 보내주신 편지가 특별하여 너무너무 감사합니다. 봄볕이 따스한 이때에 당신과 아드님 모두 복 받으시기를 바랍니다. 저는 일주일간 치료 후에 병이 조금 나아져서 지금은 클레몬트 학생양성소에서 휴양 중이오니 그렇게 아십시오.

저는 포회(하와이)에서 돌아왔습니다. 당신의 말씀은 비록 잊지 않았으나, 그사이 몸이 좋지 않아 아직 완수하지 못했습니다. 이제는 몸은 움직일 수 있으나 포회의 현재 상황이 어떤지 알지 못하여 멀리서 이렇게 묻습니다. 혹시 총회 내의 사정을 후에라도 알려줄 수 있겠습니까?

내가 가는 것이 과연 대한인국민회에 보탬이 된다면 좋겠습니다만, 제가 이번에 가는 것이 헛고생만 하고 보탬이 안 된다면 일은 성사되지 않고 오히려 정리(情理, 인정과 도리)만 많이 상하게 될 것입니다. 그래서 저는 일이 성사될 기미가 보이면 그 다음에 갈 계획입니다. 널리 양해하시고 속히 답해주시기를 목을 빼고 기다리겠습니다. 저의 이 편지는 저가 간섭하는 것이 포회의 현재 상황에 혹시라도 손상을 가져올 수 있어서 하는 것이니,

---

4) 《도산안창호전집》 제1권. 2000. 345-348쪽. 하와이의 문양목에게 보낸 편지는 2개가 연이어 실려 있는데 날짜도 같고 내용도 거의 같다. 아마도 초안을 정서한 듯하다.

양해하여 주십시오. 나머지는 다음으로 미루고 난필 줄입니다.

아우 안창호 올림

2월 13일

〈원문〉

文穰穆氏

阻懷가 山積ᄒ고 雜情이 水深ᄒ야 雲去雲來에 馳想耿耿ᄒ더니 玆際에 惠翰이 涉洋遠墮ᄒ니 寵惠殊異에 感荷從深ᄒ외다. 春暄이如璋ᄒ 此時에 兄候時旺ᄒ오며 寶禪이 竝禧ᄒ심을 恭祝ᄒ옵니다. 賢弟는 一週間 治療 後에 身恙이 少愈ᄒ야 現在 클린몬트學生養成所 閑養 中이오니 以此 惠諒ᄒ시옵소셔. 弟自布會來 汝之敎는 雖不忘却이오나 間以賤崇絆住ᄒ야 有誠未遂러니 今則 可以動身 而布會現狀이 未知如何ᄒ야 先此遠問ᄒ니 總會內情을 或可後聞耶잇가. 弟之一行이 果有功效於我大韓人國民會 則已이어니와 弟之此去가 徒勞而無效則 事必不濟ᄒ고 傷情則 多矣되니 故로 弟는 見有玉成之機 然後에 赴招爲計也라. 幸加 海諒ᄒ시고 從速賜答을 翹企翹企ᄒ옵니다.

弟之此書는 布會現時情況에 弟之看涉이 或恐有損故이니 深加諒存ᄒ시옵소셔. 餘在續后ᄒ고 胡草不如禮

賢弟 安昌鎬 拜首

二月 十三日

5. 홍언에게 보낸 편지

○ 신한민보 주필 洪焉에게 보낸 편지5) (1918. 4. 27.)

작별 이후 문후치 아니하였고 수차 편지를 읽고도 지금껏 답장치 못하였사오니 폐일언(蔽一言)하고 참으로 나태함을 지각하와 황송함을 이를 데 없습니다. 선생께서 다시 민보(신한민보)의 주임이 되심은 사회에 큰 다행이오며 근간 기력이 어떠하시온지 염려되옵나이다. 소군(昭君, 강영소)의 근황이 어떠하온지 아뢰옵나이다.

저는 묵(墨: 멕시코-엮은이)에 도착한 후 초기에는 길빈도라(부질류, 膚疾類)에 걸려 멕시코 수도, 베라크루스, 콰라괄로스, 푸론테라 동지에서는 병을 무릅쓰고 다니었고 메리다에 와서 차도가 있사오나 다시 브스럼증과 치통, 두통 등으로 좀 괴롭게 지내 오므로 머리를 쓰기가 좀 어렵소이다. 이번 여행에 특별히 민보에 두터운 소개가 앞길을 많이 열어 주었으므로 각처 지방 사람에게 환영도 많이 받았고 동포를 인도함에는 효과가 매우 컸나이다. 제가 이곳에서 경과한 것을 저의 서투른 문사로는 전달키 불능하오니 악수하는 그 날에 상세히 서술하기로 하고 대강을 앙달(仰達, 전해 드림)하옵는데,

1. 인구

재멕시코 동포수가 900명 가량인 바, 이곳 유카탄에 500명 가량 중에 장정이 300명 가량이고, 그 나머지는 혹 20, 혹 30, 혹 45인씩 각처에 산재하였나이다.

---

5) 《안도산전서》 증보판. 1999. 1006-1014쪽. 안창호가 1918년 멕시코 한인사회를 돌아보고 신한민보 주필인 홍언에게 보낸 서한이다. 멕시코에서 안창호의 행적은 물론 당시 멕시코 한인들의 실정을 전해주고 있는 귀중한 자료이다.

2. 단체

4년 전 미국 한인사회가 방불하여 힘쓰는 자는 소수요. 사로 사이가 벌어진(冷落)자가 많아 작년에 이르기까지는 유지하기 어려울 염려가 있어 소수 인사가 제가 오기를 청하기로 주선하였더이다.

3. 종교

예수교회가 7년 전에는 매우 번성하여 10에 8, 9인이 교인이더니 근래에는 매우 미약하여 교우가 20인에 미만 하외다.

4. 교육

동포들이 각 농장에 산재한데 어느 곳이든지 한 곳에서 1년 이상을 머물기 어려우므로 촌장(村庄)에는 학교를 설치키 불능하고 메리다 시내에 국어학교, 즉 해동학교(海東學校)를 설립하고 각처에서 아동을 유학하거나 저마다 학비를 판출하기 어려워 모인 생도가 합하여 12명인데, 교사가 불완전하여 교육이 매우 유치하고 멕시코 학교에서 공부하는 사람은 도무지 없으므로 노동자의 막치기 하등어(下等語) 하는 사람들은 간간 있으나 중등어 통역 하나도 전무하고, 쉬운 통신하나 담임할 이가 없나이다.

5. 생활

동포가 14년 전 처음 멕시코로 건너오던 당시와 비하여는 지금이 많이 진보되었소이다. 일찍이 갈 때에는 유카탄 토복(행주치마)을 두르고 살다가 지금은 문명한 의복에 미반육찬(米飯肉饌, 쌀밥에 고기반찬)으로 마차, 자동차를 타고 다니더이다. 생활의 근원은 시내에서 상업하는 것은 5처인데 혹 성공하고, 혹 실패하되 보통으로 보면 상항(桑港, 샌프란시스코), 삭도(朔都, 세크라멘토), 라성(羅省, 로스앤젤레스) 등지의 동포 생활보다는 10배 낫고, 싸촌에서 십장(什長, 공사장 책임자) 보면서 부업으로 장사하여 이를 모아 생활이 여족(餘足, 넉넉함)한 이도 간혹 있소이다. 그러나 이는 극소수이고 다수로 말하면 가시밭(荊棘, 형극) 중에서 일우일악(日又日惡, 날로 날로 더 나빠짐) 노동하기를 13년이 지났으되 한 푼도 없이 채무자 생활을 하더이다.

이곳 유카탄의 근본적 생활을 비교하여 말하면 금점(金店)판과 같소이다. 어저귀 일종 이외에는 농산물과 제조품이 없으므로 어저귀 방매가 잘되면 재정 유통이 농비(濃肥, 잘 됨)하고 그렇지 않으면 생활이 따라 곤란한데, 우리 동포의 생활 상태는 유목 시대와 방불한지라, 일정한 주택이 없소. 또 일정한 영업이 없소. 일정한 방향이 없소. 동에서 몇 달 서에서 몇 달 부대와 궤짝을 짊어지고 사방으로 일거월래(日去月來) 돌아다니다 보니 고역(苦役)에 약간 남은 돈푼은 떠돌아다니는 비용(浮還費)으로 다 소모하고, 다시 채무자가 되는지라. 이곳 노동 형편 또한 아니 돌아다닐 수는 없이 되었더이다. 가주(加州, 캘리포니아)에서처럼 농작 같은 것을 하려 하여도 토품(土品, 토질)이 석탄질로 되고 또 처처에 판석(板石)이 깔리고 관개(灌漑)가 적당치 못하여 어저귀 외에는 다른 농작은 할 수 없는 곳이외다. 그런즉 이곳 동포의 과거가 고달픈 생활이거니와 또한 래두(來頭, 앞으로) 13년을 다시 지나더라도 더 나은 형편이 없고 연령은 점점 높아 가시 아래(荊下)에 원혼을 만들 뿐이외다.

그러나마 이 노동 생활도 장구치 못할 것은 어저귀는 당년 수확하는 농사가 아니오, 6, 7년 재배한 후에 수확하는 고로 한편으로 장성한 것을 수확하며 한편으로 또 재배하여 농작을 계속하는 것이거늘 연말로 이 나라에 혁명으로 인하여 장성한 것만 족쳐 수출할 뿐이고 새로이 심는 것은 전무한즉, 어저귀의 생명이 다하는 그 날에 또한 어저귀 생활을 의뢰하던 우리 동포의 생명은 어찌 되는지 예언키 어려우외다. 그런즉 다른 생업은 없고 다른 지방으로 옮겨 가려 한들 저마다 로비(路費, 차비), 선비(船費, 배삯)가 있다고 못할지라. 유카탄 재류 동포의 과거도 가련하거니와 미래가 더욱 위험하외다.

슬프다. 아 형(我兄)이여! 우리들의 생활상 문제가 어찌 유타칸 뿐이리오. 근래 구주전시(歐洲戰時, 제1차 세계대전) 관계로 가주에 있는 몇 사람의 농작에 큰 이익이 있다 하나 미국, 하와이, 중국, 러시아 각 지방에 재류하는 전체 동포의 생활이 역시 가련치 아니한가. 뜨거운 눈물을 금하기 어려움이외다.

이곳 멕시코 동포들이 누차 합자하여 실업을 경영하다가 번번이 실패하였더이다. 먼저 김제선(金濟善) 씨 등의 발기로 합자하던 친목회는 자본을 모으다가 업(業)에 착수도 아니하여 보고 재정은 흐지부지 없어지므로 사회가 크게 불신용되었고, 또 방화중(邦化重) 씨 등이 발기한 한묵실업회사(韓墨實業會社)는 사업이라고 시작하였다가 중간에 자본을 건몰(乾沒, 소진)하므로 심어도 아니 보고 없어졌고, 작년에 이성국(李成國)씨 등이 발기한 합자상업일심동맹단(合資商業一心同盟團)은 7000원(멕시코화) 자본을 가지고 식물 상점을 내었다가 사무장의 부정한 행위로 재정이 결축(缺縮, 줄어듦)되어 또한 와해가 되어 작년 제가 이곳에 왔을 때 해산하기로 시작하여 아직 결말이 나지 아니하였소이다. 또 김기창(金基昶) 씨 등이 발기하여 주금(株金)을 모집하던 것은 이성국 씨가 합자가 실패되는 영향으로 중지하고 있다가 제(저)와 상의되어 다른 방침으로 합자하기로 정하고 그것은 시행하지 않았소이다.

6. 풍습

이곳 우리 동포들의 풍습은 비한비묵(非韓非墨, 한인도 아니고 멕시코인도 아님)에 유카탄 한인의 특성이 있습니다. 주택이 없이 유목시대 생활을 하다 보니 자연 손례적(損禮的, 예절에 어긋나는) 행동이 많으나 비교적 조국의 구속(舊俗)을 많이 지키고, 남자는 통칭 형님, 여자는 매(妹)씨요. 주색잡기 3종은

다 버리는 것이 없으되 혼인은 보통 6, 7세에 약혼하였다가 12, 13세에 성례하는데. 소위 데릴사위, 민며느리 등으로 인하여 뒤숭숭한 폐단이 많았더이다.

또한 노동 상에 농장주를 속여 일하는 사람, 역인(役人, 일꾼)이 되어주마 하고 임금을 미리 지급받아 가지고 도주하는 패류(悖類, 도리에 어긋나는 무리)가 비일비재이고 연말로 어저귀 따는 데 속이는 폐가 한 습관이 되어 각 농주가 불신할 뿐더러 이곳 멕시코 신문에 한인은 적성적(賊性的) 인종이란 악명예가 누차 게재되었더이다. 그러나 이곳 우리 동포가 결코 음적교사(陰賊巧邪, 도둑이 남을 교묘하게 속임)한 습성이 있음이 아니요 본시 순수한 성품이 있는데, 다만 무식하고 고식지계(姑息之計, 당장 편한 것만 택하는 꾀나 방법)만 아는 고로 이같이 된 것이라, 일조에 노동 상 배척을 당하면 생명이 위험할 줄을 생각지 못하였더이다.

재 멕시코 한인사회를 통틀어 말하면 황방우(黃邦雨) 군의 노력한 결과로 단체와 교회가 일어나 흑암(黑暗)한 동포가 분명한 광선이 비치어 초창시대에는 열심히 불 일어나듯 하다가, 점차 타락하였소. 교회 이곳과 사회 이곳에서 인도자로 자처하던 사람들이 모두가 지조를 잃고 신의를 잃어 실망하였소. 지도를 받는 지위에 있던 동포는 따라 낙심되었더이다.

여차한 중 미주에서도 일차 돌아보지 않고 다른 인도자 역시 별무(別無)하였으니 사회가 어찌 유지하며 발전할 수 있으리오. 소위 종자를 뿌린 후 다시 서배(鋤培, 김 매기)치 아니한 것과 같이 되었는지라, 이러한 중 사회가 이만큼 유지해 온 것은 백지(白志, 뜻이 좋음)한 소수 형제가 항심 노력한 결과요, 또한 《신한민보(新韓民報)》의 지도한 은택이옵니다.

학교도 없고 서적도 없고 변호사도 없고 강사도 없고 전도사도 없는 이 한인 천지에 오직 일폭(一幅) 민보가 이것을 모두 대신하였더이다. 신문의 공효가 이처럼 다대함과 보필가(報筆家, 언론인)의 책임이 얼마큼 중한 것을 이곳에 와서 더욱 깨달았소이다. 이곳 동포의 민보 사랑하는 특별한 정이 다른 지방 우리 동포보다는 백배 간절함은 신문을 때로 고대하며 논설부터 광고까지 한 자를 빼놓지 않고 보아 기억하며, 또한 동해수부(東海水夫, 홍언)를 어찌 사랑하는지 사진이라도 한 번 보기를 원하기로 세크라멘토 대회 기념촬영 중에 동해수부의 초상을 보이면서 이 어른이라 한데, 다투어 성명이 누구이냐 물어 숨기지 않고 민보 주필 홍씨라 한즉, 여러 가지 말로 찬양하더이다.

제가 이곳에 와 동포를 인도하는데 미주에서 예정하였던 저금조합과 국어학교 확장과 메리다에 상점을 세워 각양 물품을 각 농장에 용달(用達)하기로 하였던 3건은 실시치 못하였소이다. 저금조합은 금융기관이 없으니 실행이 불능하고, 국어학교는 졸지에 일으켜 확장하더라도 생활력의 영향으로 무너지겠는 고로 실시치 않고 장래를 예비코 나아가게 하였고, 메리다 상점은 몇 가지 합당치 못한 이유가 있으니, 1은 동포가 이곳에 장구히 거주치 못할 것, 2는 금융 기관이 없어 많은 자본을 적치(積置, 쌓아둠)키 불능한 것, 3은 세(稅)가 10배 증가하여 업(業)을 유지키 어려운 것, 4는 선차(船車) 교통이 민속치 못하여 물품을 임의로 운송치 못한 까닭으로 정지하였고, 저간 인도하는 문제점은 8조건이니, 1은 국민회의 의무를 평균히 담부(擔負)하여 권리를 같이 할 것, 2는 재 멕시코 동포가 통일 단결하여 공익상에 일치 협력할 것, 3은 노동신용보존칙(勞動信用保存則)을 설행(設行)할 것, 4는 국민회 법강(法綱, 법과 기강)을 엄립(嚴立)할 것, 5는 해동학교 확장을 준비하며 법률과를 전문키 위하여 멕시코 수도에 공비(公備) 학생 1인을 파견케 할 것, 6은 혼인의 폐습을 개량할 것, 7은 음주와 잡기를 금단할 것, 8은 멕시코 서북 방면에 토지를 매수하여 우리의 부락을 설립하고 농업으로 기초를 정하고 교육과 상업은 점차 발전키 위하여 실시할 것.

이상 8조 조건으로 권도(勸導, 타일러서 이끌음)하오매 오늘까지 반항하는 동포는 없고 10에 6, 7은 즐거이 따르며 그 나머지는 법종(法從, 법도를 따름)하여 하여간 일치하는 모양 같소이다.

이 나라의 기후는 한온난삼대(寒溫暖三帶) 기후가 두루 있고 토지는 비옥함과 척박함이 함께 있는지라, 이 가운데 기후와 토품이 적당한 곳을 택하여 매수하여 가지고 농작하면 우리 동포의 장래 발전이 미국, 하와이보다 배승(陪勝, 갑절이나 나음)하겠소이다.

미국과 하와이는 토가(土價)가 비싼데 이곳은 싸고 농산물의 소출은 미국, 하와이보다 배로 많고, 역인(役人)의 그 임금도 미국, 하와이보다 매우 싸고 농산물 방매로 말하여도 미국, 하와이는 점간인(店間人, 대리인)의 농락이 많은데, 이곳은 시장에 직접 출매케 되니 다만 설비 시 농구와 기계가만 미국, 하와이보다 좀 많이 들겠고 그 나머지는 모두 미국, 하와이보다 편의(便宜, 아주 편리함)하는 중, 더욱이 미주는 황인(黃人)에게 토지 매득권이 없는 곳이 많은데, 이곳은 또한 그런 관계도 없소이다. 이러므로 태평양 연안 미국 접경에 토지를 사기로 합자를 실시하온 바 응모 주수(株數)가 2000주(매주 미화 10원)라.

이 일을 시작한 후에 불행히 어저귀 수출이 덜 되어 재정이 공황(恐慌)하고 노동이 부실하므로 수금하는 데 영향이 적지 아니한지라. 그러나 동포의 성력은 한 푼도 퇴축(退縮)하지 아니하므로, 지금 모집된 금액이 미화 8000여 원 가량이라. 응주(應株, 주식에 투자함)한 것을 필수(畢收, 모두 거두어들임)하자면 1년 이상 시간을 비(費)하여야 하겠사오니 그 때까지 있을 수 없고, 미화 5만 원 이상만 되는 날까지 기다려 회환(回還)하였다가 올 겨울 혹 명년 봄에 다시 올 생각이온데 아마 5월 망간(望間)으로나 이곳에서 발정(發程, 길을 떠남)할 듯 하오이다.

토지를 사서 농사한다 하는 말은 쉬우나 사실은 매우 어려운 것이, 상당한 위치에 상당한 토질을 택함도 쉬운 것이 아니요, 매수 자본과 설구비(設俱費, 시설비)도 거대 자본을 요구하며 장차 동포를 이주할 것도 쉽지 못할 일이라. 그러나 재 멕시코 우리들의 정세는 금일에 이런 일을 만들어 주지 아니하면 2, 3년 후는 후회막급(後悔莫及)의 한탄뿐이겠는 고로 부득이 일을 시작하였는데, 재열(才劣, 재능이 없음)한 창호의 능력으로만 할 수는 없고 여러 방면에 협조가 있어야 되겠는데, 이곳에서 김기창 군이 헌신적으로 힘을 쓰고 있으나 장래 농장 설비 등 농업에 경험이 많은 경작식(耕作式)에는 경험이 없사오매, 재미 우리 동포 중 농업에 경험이 많은 동포가 나서야만 되겠는데, 구하기가 좀 어려울 듯 하오이다. 자본으로 말하면 미화 7만 원만 되더라도 부족되는 것은 미주에서 더 모집하여 가지고 소규모로 착수하여 장차 확장할 터이니 하여간 목적을 달성할 줄로 자신하나이다.

금번 이 일이 우리의 실업발전주의와 재 멕시코 우리들의 구제책을 겸하였사오니 창호의 힘자라는 데까지는 마음을 다하려 하나이다. 금차 재정 모집을 이곳 미 실업회사로 합동케 하였으니, 1은 이미 실시한 실업기관의 실력을 확장하여 우리 민족 중 일개 재단이라도 속히 공고(鞏固)케 하여 장래 대 발전을 희망함이오. 2는 이 나라 안에서는 수입된 금액을 보관시킬 곳이 전무하여 북미사(北美社, 북미실업주식회사)와 합동하여야 보관상 안전함을 위함이오. 3은 거대한 일을 이곳에 있는 동포에게만 담임시키는 것보다 미국과 멕시코 동포가 병력(竝力, 힘을 합쳐)하여 자본 성립과 농작 시설에 편의를 위함이라. 또한 이곳에 있는 동포는 어저귀 따는 데만 전력하여 온 고로 농작에는 재미동포에게 배워야 하겠소이다. 또한 금년 내로 북사(北社) 자본이 3만 원 이상 성립되기를 희망하나이다.

경과한 일을 간단히 말하려 하였다가 아형(我兄, 홍언)을 대하여 말씀하므로 자연 이처럼 길어졌소이다. 조사(助詞)가 많이 잘못되었지마는 사실은 유의하여 보시고 2만 이상이 수합이 되었다는 기별이 있기 전까지는 신문에 아무 말씀도 내지 마소서. 선생이 제를 송별하실 때 부탁하신 바, 지내는 사실을 자상(仔詳)히 기록하여 보내라 하신 것을 금일까지 잊지 않고 일기 모양으로 하여 앙정(仰呈, 삼가 올림)하려 하였다가 저간(這間, 그동안) 종종 치통 두통이 함께 발병하여 쓸 수도 없었을 뿐더러 신문 상에 미리 떠드는 것이 마음에 싫어 더욱이 고달(告達, 어떤 사실에 대하여 알려 줌)치 아니 하였소이다. 너그러이 용서하시고 신문에 일삼지 마시기를 바라옵나이다.

이곳 우리들 계에 주뇌적(主腦的) 인사는 김기창, 이근영(李根英) 양군인데 중간 양군 사이에 오해가 있어 충돌이 있었는데 지금은 확실히 조화가 되오니 재 멕시코 우리들의 전도 진행에 큰 다행이외다. 김기창 군은 중심이 견고하고 한언(罕言, 말을 많이 하지 않음)하며 일에 임하여 용용(溶溶, 씩씩함)하고 처사(處事)에 민첩하나이다.

앙탁(仰托, 우러러 청탁함)하온 바는 미주 동정과 포와(布蛙, 하와이) 동정을 한번 자세히 말씀해 주시오. 환미(還美)하기 전에 미리 생각할 것이 있을까 함이외다. 또한 북사(北社, 북미실업주식회사)를 자금이시(自今以時, 지금부터는)하여는 세상으로 좀 알게 하소서. 지금 실업을 세운다고 하지마는 임의 성립된 기관 중 비교적 가장 자본금이 온고(縕固, 탄탄함)하고 집무자가 그 중 충실하다 할지라. 다시 성립할지라도 이보다 많은 자본을 갑자기 만들기 어려울 뿐더러 또한 그보다 나은 인원을 얻기도 어려울까 하나이다. 또한 우리가 하늘과 땅에 맹서하고 세운 정신적 기관(흥사단)을 위하여 전보다 성력을 좀 더 베푸사 우리의 주의가 하루라도 더 일찍 퍼지게 하소서.

선생이시여, 세인 중 나를 가리켜 모단모사(某團某社: 흥사단, 북미실업주식회사)는 자기가 창립한 것이니까 기어이 세력을 기르려는 야심이라고 하는 이가 있지만은 제(弟)는 나와 너의 창립을 분간함도 아니요 차와 피를 분별

함도 아니라, 다만 국가를 전제(前揭)로 삼아서 이렇게 하여야 국가 장래에 유리하겠다는 자각(自覺)의 일념뿐이외다. 국민회를 창도한 자 중 제(弟)도 하나이므로 공고적 기관이 있어야 하겠다 함이요, 흥사단도 발기자 중 제 역시 일인이라, 오인(吾人)의 생활력을 증진케 하여야 하겠다 함이오.

북사(北社, 북미실업주식회사)의 내력을 말하면 최초에 이범진(李範晉) 공이 국민회에 기부한 3,500원을 가지고 국민회 실업부(實業部) 기본금을 세우되 동포에게 20만 원 이상 자본을 거두게 하였다가 그 돈의 본수(本數) 이상 없어진 고로 그것을 실행치 못하였고, 그 정신을 그냥 가지고 다른 방법으로 실업기관을 세워서 장래 생활을 기어이 증진케 하자 하여 북사를 발기할 시에 모모 유지 인사가 먼저 동일한 사상으로 진행하여 사회 전부가 일심케 하자고 굳게 약속하되 국시(國是)를 세우자 하였소이다.

처음 시작할 때에 응모자 다수가 모여 진흥할 희망이 있더니 불행히 스탁턴 감자 농사가 실패됨으로 여의치 못하였는지라. 그러나 창호는 여러 인사들과 약조한 것을 저버리지 못하여 그대로 성력(誠力)껏 지켜 그것을 오늘까지 붙들어 왔소이다.

그간 철약(撤約, 투자 약속을 철회함)하였던 인사 중 저간 글로나 말로나 일을 돕지는 못할망정 도리어 방해하는 이도 있었지만 그래도 소수의 동지가 이 주의를 변치 않고 힘써 6년간 생명을 보존하여 왔으니 이것도 당초에 창호의 사유적(私有的)으로 된 것이 아니요, 소위 인도자 제군의 공의(公議)로 사회상 공통한 기관을 만들고자 한 것이 아니 오니까.

또한 흥사단 문제로 또 말씀하자면 너무 장황하겠는 고로 그만 두거니와 누구든지 제(弟)의 지금 하여 가는 주의가 국가 장래에 방해가 될 것을 밝혀 가르쳐 주면, 곧 버리고 그보다 낫다고 하는 것을 취하여 행하겠소이다. 제는 다만 국가로 전제를 삼나니 선생께서는 북사를 소개하고 아니하는 것을 민족 장래를 표준하시와 택하소서. 제가 이같이 말씀하옵는 것은 편지를 쓰다가 창호의 평생에 지내온 모든 것의 감상이 일어나기로 그대로 씀이외다.

건국 기원 4251년(1918년) 4월 27일 안창호

6. 정한경에게 보낸 서신

○ 鄭翰景에게 보낸 서신[6] (1918. 11. 18.)

　1915년 박람회 때에 우리가 반가이 만나다가 헤어진 후로 오늘까지 서로 막히어 궁금 하오이다. 그간에 형께서 큰 성공이 있음과 여러 가지로 우리에게 영광을 끼쳐 주심을 위하여 감사하나이다. 제(弟)는 작년 가을에 멕시코에 갔다가 금년 8월 그믐에 돌아왔습니다. 그곳 동포들이 전보다 좀 진보 되었으나 근래에는 노동이 많지 아니하여 살아가는 것이 곤란하더이다. 돌아와 보는바 캘리포니아에 사는 동포들의 생활이 차츰 진취가 되오니 다행이외다.

　고할 말씀은 지금 구라파(유럽) 전쟁(1차세계대전)이 그치고 장차 강화담판이 열릴 터이라 미주와 하와이에 재류하는 동포들 중에서 이때에 우리도 우리나라의 자유를 위하여 미국 정부에 교섭하자는 이가 많습니다. 형의 의견은 어떠 하시온지요. 제 생각에는 우리가 윌슨 통령(대통령)에게 교섭을 함으로 오늘에 무슨 효험이 없을 줄 아오나 세상 사람이 각각 자기들의 자유와 평등을 위하여 말하는 이때에 우리만 가만히 있으면 독립을 원치 아니하는 이와 같을지라, 우리의 뜻을 발표하는 것이 가할 듯 하오이다.

　형께서 이에 대하여 의견을 말씀하여 주소서. 이 일을 미주와 하와이의 한인 전체가 합하여 대한인국민회 명의로 대표자를 택하여 진행하게 되겠소이다. 형께서 이 일에 몸을 내어 놓으사 여러 사람의 부탁을 맡아 일하실 수가 있을 런지오. 알게 하여 주소서.

---

6) 《도산안창호전집》 제1권. 2000. 326-327쪽.

소약국 동맹회는 어떠한 것이오니까?

4251년(1918년) 11월 18일 안창호

정한경 군 전

7. 민찬호·정한경에게 보낸 서신

○ 閔燦鎬·鄭翰景에게 보낸 서신[7] (1918. 12. 15.)

1918년 12월 15일

혜함(惠函, 보내주신 편지)을 근심(謹審, 살펴봄)이옴에 금번에 현우는 조화문제(調和問題)로 노초(勞燋, 근심하고 애태움)를 많이 하실 줄 불견가지(不見可知)로 송우(宋友, 송종익)와 항상 말하였나이다. 여(呂, 여운형의 동생 여운홍) 군은 봉견(逢見, 만나봄)이온바 해 군(該君)의 주의를 성공 여부는 미심(未審, 살피지 못함)이오나 유지자(有志者)가 신명(身命)을 희생하고 가는 것을 막을 수도 없고 이미 일신을 불고(不顧, 돌아보지 아니함)하고 모험하는 청년에게 여비야 어찌 공급하지 아니하리오. 해 군이 현부(現赴, 지금 나아감) 상항(桑港, 샌프란시스코)이온데 불구(不久, 머지않아)에 발정(發程, 길을 떠남)할 듯 하오이다.

귀지 동포들과 국민회가 합일 행동할 것을 파견대표에게 위임하였더니 대표 양군이 전보하기를, 一은 지방회로 인가하라 하였고 二는 외교권을 주라고 하였으나, 지방회 인가 일은 지방총회에 계(係)한 것이요 중앙총회는 인가하는 직책이 아니오. 외교권은 중앙총회에만 있고 지방총회까지는 없으니 이는 국민회헌장이라. 일시 합동 행사를 위하여 권도를 써서 외교권을 여(與)하고 협회를 인허함이 좋을 듯하나, 집법자(執法者)로서 위법(違法)하면 국민 전체에 득죄(得罪)가 되오며, 차(且, 또) 미우(微友, 보잘 것 없는 사람)에게 찍히어도 본령에 위배라. 고로 양 대표의 요구를 시행 못하고 뉴욕 동포들이 전일에 선발한 외교를 인계하여 합동 진행하고자 하여 신한회(新韓會) 중에서 대표자 2인을 가선(加選, 더 가려뽑음)하라고 차의(此意, 이러한 뜻)로

---
7) 《도산안창호전집》 제1권, 2000. 328-334쪽.

전보하였더니, 불응하고 대립적 협동할 뜻를 표시하였으니 하유(何有)가 유(有)한지 미지이거니와, 이번 대사에 당초부터 통일적으로 진행이 되지 못한 것이 크게 유감이 되나이다. 합일 여부 상 이해는 현우께서 명실(明悉, 밝히 아는)하는 바이라 번독(煩瀆, 번거로움)됨이 불필요하오나 좀 가끔하여 대강 말하였나니,

一. 한족 전체적 자결 표시 문제와 금번에 우리 무리가 전력을 다하여 대사를 운동하는 것은 윌슨 통령(대통령)이 제창한 민주주의와 민족자결주의에 의하여 함이라. 한민족의 자결주의를 원만히 표시하려면 해외 해내가 일합(一合)하여 동일한 명의 하의 대표로 행동하여야 되겠으나 이는 세(勢) 불능이라, 미인 헐버트와 우리 청년 여운홍 등은 이번에 한하여 내지운동을 시(試)하거든 이번 미국 일방(一邦)에 동주자(同住者)로서 치(置)하지 아니하고 각구(各區)가 부분적으로 교담(交談, 이야기를 주고 받음)하면 전체적 자결을 표시하기는 불능하고 기개(幾個, 몇 개) 호사자배(好事者輩, 일 좋아하는 자들)의 행동이라고 세인이 오해할까 두렵나이다.

동지에 거류하는 소수도 동일 목적에 통일이 못되고 민족의 민주공화를 이루리라고 잘 인정하지 아니한가 하나이다. 지금은 뉴욕 일부 동포가 기치를 들고 부분적으로 행하거니와 장차 타방 각 구 다 뉴욕 동포와 같이 행동하면 무엇이 되리오. 해외 한인 전부가 일치행동으로 동일한 명의로 표시하면 해외 한족 전체의 자결한 독립주의라 하려니와 불연(不然)이면 자결주의 표시의 대손(大損)이 있을까 하나이다.

금번 국민회로서 대표자 파견할 때에 북미 멕시코 원동 전부 한인으로 통일한 국민회대표자라고 위임장에 성명하였나니 이것이 말세 황언(荒言, 실없는 말)에 돌아오게 될까 하나이다. 뉘가 뉴욕에 재류 십여 형제가 끝까지 만여 동포의 합동체와 대립하여 딴 길을 잡아나갈 줄을 뜻하고 3대 구역

통일에 뉴욕시 일부는 부재차(旦此)란 단자(但字, 단서)를 쓰리오.

二. 외교상 저촉이니, 각 구가 분립적으로 외국과 교섭하면 행사 상 모순을 난면(難免, 면하기 어려움)이라. 소위 국제 교제에 각 구 분파적 교섭이 하족(何族)에게 경유(更有, 다시 있음)하리오. 현금 귀지에 회집된 각 소약국 중에게도 여러 파로 외교하는 자 있는지 알지 못하거니와 만일 있으면 해(該)국은 우리와 같이 가긍(可矜, 불쌍히 여김)하리로다 혹 대사(大事)가 은발(隱發, 은밀히 발발함)해도 때에 불기(不期, 예기치 못함)의 움직임으로 각 구가 동기(動起)하였다가 종당(終當)에는 통일하는 것이 불무(不無)하거늘 우리도 그같이 하여 행사 상 모순을 면하게 하면 다행이라 하나니라.

三. 경제상 관계이니 구국 대사를 거(擧)하였다가 성패 간 끝까지 진행하여야지 중도에 그칠 수는 없는 것이라 금번 일이 구주강화회 종결까지 또 만국연맹회 성립하기까지 갈 터이니 1년 혹 2년 이상 시간을 잡을는지 미가필(未可必, 반드시 바랄 수 없음)이라. 해외 전체 한인을 다 합하여도 생활 곤란에 빠져있는 노동자 신분으로서 경비를 감당하기 어렵겠거늘 황(況) 각 구(各區)가 분립적으로 행하면 일의 생명을 몇 날이나 유지하리오.

이와 같은 지난하고 세소한 말을 뉴욕 동포에게 공식으로 고할 수 없으므로 무간한 현우께 고하노니 현우는 끝까지 통일하도록 면력(勉力)하소서. 혹 신한회 명칭으로 외교를 선발하였으니 회 명칭을 보유할 필요가 있겠다 할런지 미지이오나 이는 한인 전체를 대표한 국민회와 합동하였다 한 것을 공포하였으면 그만이겠소이다.

미우(微友)의 사의(私意)로 국민회란 명의를 없이 하고 신한회란 명의로 행동하더라도 한족 통일적 자결주의만 잘 표시되면 만족하겠나이다. 하오나 다수 인원인 대단(大團, 큰 모임)이 개인의 사의로 무효라 하면 내하내하(奈何奈何, 어찌어찌함)오. 만여 인 산재자(萬餘人散在者, 흩어져 있는 만 여 명)의 마음을

돌리고자 일구(一區)에 재한 소수 형제의 심리상 좋은 자각이 있기를 절기(切
企, 간절히 바람)하나이다.

　　　　　　　민·정 양군께서 윤조(輪照, 돌려봄)하게 하소서

8. 이승만에게 보낸 서신

○ 李承晩에게 보낸 서신8) (1918. 12. 16.)

그동안에

형체 만안(萬安)하시오며 공무상에 얼마나 근렴(勤廉, 수고가 많음)하시나이까. 저는 별고 없습니다. 이번 총회장 안현경 씨의 통신으로 출국허가장으로 인하여 출발치 못하심을 들었나이다. 월초에 모시는 천고를 뵈온 후로 매우 기다리었나이다. 대표원 중 민찬호 씨는 시카고에서 정한경 씨를 만나서 뉴욕으로 함께 가서 방금 소약국동맹회에 출석 중이오며 모든 일이 여의히 취서되는 중이오니 지체되시더라도 출국허가가 되는 대로 모셔서 같이 의논하게 하심을 바라나이다.

1918년 12월 16일 안창호

이 아래 주소로 통신하소서

106 N. Figuaroa Los Angeles, Cal.

---

8) 《도산안창호전집》 제1권. 2000. 335쪽. 《우남이승만문서(雩南李承晩文書)》17. 연세대 현대한국학연구소. 1998.

9. 이승만에게 보낸 업무 연락

● 李承晩에게 보낸 업무 연락9) (1919. 3. 13.)

  인형이 공식으로 제출한 것, 한국의 각국과 좋은 글을 간행할 것과 영문잡지를 간행할 것과 불란서(프랑스)로 가지 못하게 된 뒤에 한 달 동안 인형이 뉴욕에 더 머물러 있어 외교할 것 세 가지를 위원회에 제출하여 가결된 대로 공함으로 대답하였사오니 더 말씀할 것이 없사오나, 영문잡지사 찬성하라는 문제에 대하여 대강 말씀하오리다.

  이 영문잡지를 발간하는 일이 매우 중요한 일이라 하더라도 지금의 여러 동포가 맡긴 일이 성패가 끝나기 전에는 찬성하고 아니함을 말할 수 없소이다.

  (1)은 모든 동포가 지금의 독립운동하는 것을 큰 일로 알고 이 일에 정성과 힘을 다하여 당국자와 대표자들의 뒤를 돕는 이때에 다른 문제를 내어놓으면 동포들이 크게 섭섭할 것이오.

  (2)는 지금 중앙총회에 있는 돈이 독립운동을 목적하여 모은 돈 뿐이라 이번 독립운동에 관한 일밖에는 달리는 돈을 쓸 수 없으니 더욱 이 일이 끝나기 전에는 영문잡지를 도울 수 없습니다.

  영문잡지도 또한 독립운동에 관한 일이라고 할 수도 있지마는 그렇게 말하자면 한 개 학교나 한 개 상점이 다 독립운동에 관한 일이라 할 수 있거니와 이번에 일하는 것은 구라파(유럽)평화회에 대하여 독립운동을 목적한 것이니 경우가 다른 사건은 이일이 끝나기 전에는 제출할 수 없는 줄로 생각하나이다. 그런즉 제는 아직 그 일이 필요하더라도 참섭할 수 없나이다.

---

9) 《도산안창호전집》 제1권. 2000. 336-339쪽 ; 《우남이승만문고》 17.

도산 안창호의 편지

　제가 일찍 형에게 편지하기는 이번 일을 필한 후에 한번 모여서 장래의 일할 것을 작정하자고 하였삽거니와 불쌍한 대한사람을 건지는 큰 계획를 편지로는 작정키 어려울 줄로 아옵나이다. 우리 민족은 과연 불쌍한 사람들이라 인도자들이 깊이 생각하여 잘 살릴 법을 정하고 실행하기를 하나님께 간구하나이다.

　지금 원동의 각처 유지자들이 모여 일을 크게 의논하려 하니 우리 중에서도 사람을 보내야 되겠습니다. 제가 혹 가게 될는지도 모르겠소이다. 서재필 씨가 오랫동안 우리 한족을 돌아보지 않다가 지금에 다시 한국사람을 위하여 몸을 내어 놓고 도와주시려한다 하오니 매우 기쁘고 감사하옵나이다.

　지혜 많으신 서군이 오늘 한국사람의 정형을 밝히 살피어 그중 합당한 일을 택하여 실시하기를 바라며 저는 친히 좋은 가르침을 얼굴로 대하여 듣지 못함을 한하나이다.

　　　　　　　　　　　　　　　4252년(1919년) 3월 13일 안창호

10. 고 양한묵 선생 추도에 관한 서신

● 故 梁漢默 先生의 追悼에 關한 件10) (1919. 7. 9.)

1919년 7월 9일

고 양한묵(梁漢默) 선생은 국사에 진췌(盡悴, 있는 힘을 다함)하여 공노(功勞) 저유(著有, 분명히 있음)하고 특히 금번에 국가와 민족을 대표하여 32현(賢)과 함께 독립을 선포하시던 동시에 적에게 포로가 되어 악형을 비수(備受, 받음)하다가 마침내 5월 27일에 옥중에서 참사하니 지금에 그 부음(訃音)을 접하매 애통함을 갈승(曷勝, 어찌 이기리오)하리오. 일반국민으로 하여금 종속(從速)히 기일을 택정하여 선생의 추도회를 열어 그 영령(英靈)을 추모하며 동시에 금번 광복사업에 순신(殉身, 몸 바친)한 제위 열사를 병(幷)하여 추도하라는 국무원 통첩이 있사옵기 자(玆)에 통유(通喩, 알림)함

재(再), 추도회 당일에는 일제히 상장(喪章, 조의의 뜻으로 옷깃이나 소매에 다는 표)을 대복(帶服, 옷에 달게)케 하고 언동을 주의케 함이 가하옵기 췌술(贅述, 또 다시 설명)함

---

10) 연세대 현대한국학연구소,《우남이승만문서》동문편(東文篇)7, 1~2쪽 ;《대한민국임시정부자료집》27. 고 양한묵 선생 추도에 관한 건/ 문서번호 내무부령 제16호/ 발신일 1919년 7월 9일/ 발신자 내무총장 안창호/ 수신자 미주대한인국민회 중앙총회장.

11. 청년외교단의 건의를 가납함

○ 青年外交團의 建議를 嘉納함[11] (1919. 9. 8.)

청년외교단 총무 안재홍 귀하
대한민국 원년 9월 8일
국무총리대리 안창호 (인)

건의를 기꺼이 받아들임

국난에 즈음하여 귀 단이 국가를 위하여 한 노력을 감사히 생각하며 동시에 시의에 적절한 충성을 부탁하는 건의를 일일이 받아들였으나 상의할 필요가 있다.

제1의 협동타화(協同妥和, 협동하고 상의함)는 당연한 것이다.

제2의 집중통일(集中統一) 역시 실행 중이다.

제3의 외교를 확장하는 것은 기회를 보면서 하기로 한다.

제4의 일본에 정면으로 요구할 것은 고려하여 진행한다.

제5의 내외가 서로 도와 긴밀히 하고 이를 전문화하기 위해 전원(專員, 전담 인원)을 파견하여 타정할 것.

제6의 조용은(趙鏞殷)을 임명하는 것은 특사 김규식(金奎植) 씨의 의향에 따라 정할 것.

향후 지속적으로 의견 누락이 없이 전달할 것을 요구한다.

---

[11] 임시정부 국무원 제155호 1919.9.8 ; 《일본외교사료관 자료》.

12. 이승만에게 보낸 서한

● 李承晩에게 보낸 서한12) (1919. 10. 25.)

경유(敬維) 이래에 태체후(台體候) 기거만진(起居萬珍)하심을 송도불기(頌禱不已)이옵나이다.(늘 평안하심을 기원하겠습니다)

제(弟) 원동의 일은 내지와 및 교외(僑外)동포의 연락을 무도(務圖, 힘써서 꾀함)한 결과 지금에는 각반(各般) 진행이 원만한 과적(果績)이 있사옵나이다. 연이(然而, 그러나) 급진사상을 포지(抱持, 안고 보존함)한 부분〔예컨대 결사작탄(決死炸彈, 의열투쟁)〕에 대하여는 심원한 주의 하에 람(攬)하기 어렵사옵고 또는 재원(財源) 주판(籌辦, 마련)의 길을 미득(未得, 아직 얻지 못함)함으로 항상 수응(需應, 수요)에 수군(受窘, 궁함)함이 막심이옵나이다.

국무총리 이동휘(李東暉) 교통총장 문창범(文昌範) 양 선생이 일전에 래호(來滬, 상해로 옴)하시와 현(現)에 북경(北京)에 류(留)하시는 내무총장 이동녕(李東寧) 재무총장 이시영(李始榮) 양 씨의 래호를 대(待)하야 써 동시에 연몌(聯袂, 나란히 함께) 리임(莅任, 취임함)키 위하여 아직 취임치 아니하였나이다.

동방 각 지(各地)에서 지상(紙上)으로 정부를 발표함은 수다하였으나 오직 실지 존재한 자는 상해정부 뿐이외다. 형을 대통령으로 선정하고 또한 통일의 책(策)을 위하여 한성에서 발표한 전부를 준의(遵依, 그대로 따름)하여 써 개조하옵고 형으로 대통령을 선정하였나이다.

애국금 수합은 제가 정부에 나아가기 전부터 실시 하였삽고 국민회의 애국금 수합함은 재무부로부터 이미 위(委)한 일이오. 형에게는 본 정부에서 외국공채 발행을 위(委)하였은 바 양자의 성질이 각이(各異)하옵고 또한

---

12) 《대한민국임시정부자료집》 42,   8. 안창호가 이승만에게 보낸 서한/ 발신일   민국 원년 10월 25일.

재무부 당국에서 여하한 이유가 업시 국민회의 애국금 수합을 정지키 어려울 것이옵나이다.

민국 원년 10월 25일 제 안창호 배복(拜覆)

이승만 형 친감(親鑒)

13. 이상룡 선생께 보낸 서한

● 〈답 안도산 창호〉의 附原書13) (1920.)
  - 〈이상룡이 안도산 창호께 드림〉에 첨부된 도산의 원 서한

천도(天道)는 순환함을 좋아하는 것이 오늘의 공리(公理)인 만치 이미 광복은 된 것이고, 세계는 지금 개조되려 하고 있습니다. 이것은 이전에 우리가 조석으로 원하였으나 하지 못했던 것인데 지금은 하나하나 눈앞에 실현되고 있으니, 누가 대한민족의 놓칠 수 없는 천재일우의 호기가 아니라고 할 수 있겠습니까? 이것이 안으로는 2천만 형제자매가 희생을 달게 여기고 다시 단결하여 일어나 기어이 죽기를 각오하고 나서는 까닭이며, 또한 밖으로는 무수한 우방의 인사들이 강개(慷慨, 복받쳐 원통해 함)하고 격앙하여 남을 보기를 자신과 똑같이 여기고 수고를 떠맡아도 수고로운 줄을 모르는 까닭입니다. 온 세계가 함께 경축하니 이 기쁨을 어찌 이길 수 있겠습니까?

저 창호는 오랫동안 해외에 떠돌면서 조국의 시정에 대하여 어두운 것이 참으로 많은데다가, 또 개인의 욕망에 따라 응하는 것이 비록 '지금이 바로 그 때가 아닌가?'라고 합니다. 그러나 그들이 바라는 바는 바로 나이가 많다는 것이니, 직분을 맡기는데 나이 많은 것을 따르는 것은 원칙상 이의를 용납하지 않습니다. 그러나 제가 일찍부터 바라던 것은 국가와 사회의 선구자가 되어 신시대의 생명을 개척하는 것입니다. 그러나 이 일은 조정에 있는 사람이 아니면 할 수 없습니다. 그러므로 배를 타고 있을 때 국회에서 저를 내무총장의 직에 임명하였다는 소식을 듣자마자 심한 충격을 받았

---

13) 이 편지는 도산 안창호가 3·1만세운동 직후 상해로 가서 대한민국임시정부 조직에 참가하여 내무총장 겸 국무총리대리가 되어 만주의 원로 석주 이상룡에게 보낸 편지이다. 이상룡이 답신하면서 도산이 보낸 편지를 동봉하여 보냈다. 《석주유고(石洲遺稿)》, 안동독립운동기념관 자료총서1 권4. 경인문화사. 2008. 418-422쪽.

고 대단히 황공했습니다. 대개 이 직무는 참으로 감당할 수도 없고 더욱이 하고 싶은 일이 아닙니다.

　상해에 와서 보니 모든 일이 처음 하는 일인데도 일마다 날랜 솜씨인 것을 보고 더욱 처음의 뜻을 관철시키고자 하여 번갈아가며 동지들에게 사면(辭免)하기를 청했으나, 각 방면에는 맡겨진 책임이 다 있다 보니 더욱 저의 사정을 헤아려 주지 않았고, 주위의 정세 또한 시일을 자꾸 늦추는 것이 허락하지 않았습니다. 그래서 한 달 남짓이나 주저하다가 마침내 어쩔 수 없이 지난 달 28일 우선 취임식을 가졌습니다. 또한 주석(=이승만대통령)께서 밖에 계시어 섭정의 일까지 겸하게 되었으니, 스스로 돌아보아도 보잘 것 없는 사람인데 제가 어찌 이 임무를 감당할 수 있겠습니까?

　선생께서는 국가의 영수로서, 덕망이 태산과 같고 노숙(老熟)하고 깊이 있는 지혜를 가진 분으로 국내외의 존경을 받으시는 분이시니, 바라건대 때로 지침을 내려 주시어 저희들이 따를 수 있게 해 주신다면 그만한 영광과 대행이 없겠습니다. 각항의 정무의 진행에 대해서는 스스로 외교와 내정, 내무와 군사 4가지 대단(大端)으로 주축을 삼았는데, 지금부터 차례로 여기에 대해 자세히 밝혀 올리오니 청컨대 고치고 바로잡아 주시기 바랍니다.

　첫째 외교 상황입니다. 이것은 가장 순조롭게 진행되는 것으로, 현재 구미지역에 여론이 하나가 되어 우리를 지지하고 일본을 배척하고 있는데, 공리의 싸움에서는 여론이 승패를 좌우하기 때문에 곧 개최될 국제연맹대회에서 우리나라가 승기를 잡아 칼자루를 쥘 수가 있을 것입니다. 그러나 이것은 개괄적인 말씀이고 구체적인 교섭은 이미 영국과 미국 두 나라와 상당한 양해를 얻어 놓았으니 머지않아 어떤 성과를 볼 수 있을 것입니다.

　두 번째 내정 반면입니다. 지금 당장은 말씀드릴 만한 행정이 없는 듯 합니다만, 동지들의 노력이 지금 이곳으로 집중되고 있습니다. 대개 일반

민심의 소장(消長, 쇠하여 사라짐과 성하여 일어남)에 따라 최후의 승리가 결정되는 바이니 이른바 근본 중의 근본이라는 것입니다. 그러므로 이미 많은 요원들을 각지로 나누어 파견하여 가서 설득하고 알리게 하였는데, 두세 곳의 보고에 의하면 국민들의 마음이 갈수록 고양된다고 하니 곧 다시 모종의 형식의 제3차 표시가 있게 될 것 같으나 그 역시 아직은 알 수 없다고 합니다. 이 부분이 사람들의 의지를 가장 강하게 하는 부분입니다.

세 번째는 재정 문제입니다. 이것은 가장 중요하면서도 가장 손을 쓰지 못하고 있는 부분입니다. 외교와 군사 내지 모든 정부가 이것 하나 재력의 뒷받침 없이 시도할 것이 있겠습니까? 농사를 맡은 사람이 지붕만 쳐다보고 손쓸 방법이 없는 꼴이라, 혹 공채(公債)를 발행하기도 하고 국민의 의연금(義捐金)을 걷어본다고 해 보았지만, 몇 달이 지나도록 아직 볼만한 성적이 나지 않고 있습니다. 다만 한 가지 확실하게 믿고 끝내 비관에 빠지지 않을 수 있는 것이 있으니 그것은 바로 국민들의 마음이 위에서 말씀드린 바와 같으니 최후에는 반드시 기꺼이 보내줄 날이 있을 것이란 점입니다.

네 번째는 군사 문제로, 이것은 다시 우리 선생께 여쭙고 싶은 것입니다. 이곳에도 비록 추상적인 어떤 계획이 있기는 합니다만, 시기와 지리 관계로 인해 아직 하지 못한 것도 있고 할 수 없는 것도 있어, 사례를 들어서 말씀드릴 만한 게 없습니다. 우리 선생께서 이런 사정을 헤아리시고 이 문제에 대하여 반드시 정밀하고 깊은 계획이 있으실 것이니, 가르쳐 주시는[敎示] 것이 어떻겠습니까?

이상에서 말씀드린 것이 이곳의 대체적인 상황입니다. 바라건대 우리 선생께서 이쪽의 최근 상황을 상세히 알려 주시기를 바랍니다.

처음으로 인사를 드리오며, 이만 삼가 편지를 올립니다.

14. 차경신에게

○ 車敬信에게 보낸 서신14) (1921. 6. 9.)

　나의 사랑, 경신 내 중정에 있는 뜻을 대강 말하노니 반가이 볼 줄 믿노라. 나는 일전에 그대의 눈에서 뜨거운 눈물이 흐름을 보고 나의 감상은 비상하였소. 오 경신, 여북하여 저같이 눈물로써 옷을 젖힐까? 저같이 슬퍼함이 어찌 오늘 뿐일까? 내 어떻게 하여야 저 눈물을 씻겨줄까?

　나는 경신을 잘 아노라고 하는 사람 중에 하나이다. 그는 과연 눈물을 흘릴 만 하도다. 저 눈물 흘리는 경신의 그 눈물을 나는 씻겨줄 능력이 없더라도 인자하시고 능력이 많으신 하나님은 씻겨주실 줄 믿는다. 왜? 하나님께서 경신을 나보다 더 잘 알으시고 또한 나보다 더 사랑하시리라 하는 여러 생각이 많이 있었나이다.

　내 사랑 경신, 그대의 과거를 돌아보건대 소년으로서 오늘까지 외로움과 고생을 잘 받아왔고 이번 독립운동 후에 더욱 이 민족을 위하여 고생에 고생을 더하였도다. 나는 그대를 잘 알므로 내 중심으로 그대를 사랑하고 믿으며 또한 공경하노라. 그대는 과연 하나님의 참 딸이요, 우리 대한사람의 보배이다. 내가 이같이 말함이 조금이라도 인사의 말이거나 위로의 말이 아니고 내 속에 있는 참을 발표함이외다.

　하나님의 참 딸이요, 대한의 보배이요, 나의 사랑인 경신아. 너는 울지 말아라. 너의 고생이 헛된 땅에 떨어지지 않는다. 네게 복이 있으리라 슬픈 자의 위로이신 하나님이 너를 위로하시리라, 내 사랑 경신아, 너 왜 슬퍼하느냐, 내 생각에는 그대가 과거의 고생한 것과 현재의 고생을 위하

---

14) 기독신문사, 〈차경신에게 보낸 서신〉,《호박사랑 나라사랑》, 1988.

여서는 조금이라도 슬퍼하지 아니하는 줄을 잘 안다.

그 슬퍼하는 까닭은 이것인 듯하다. 하나는 앞길이 망연하다. 내 이전의 당한 것은 잘 되었거나 못 되었거나 이미 지나간 것이니 그만이거니와 이 앞 장래를 어찌할고 하는 가운데 모든 경우가 앞길을 막기만 하고 열림이 없는 듯하여 문득문득 답답하다 울울한 정이 일어남이요, 둘째는 증왕에 나는 참 부족하다. 증왕에도 스스로 부족한 생각이 없지 아니하였지만 세상에 나와서 세상을 살펴볼수록 나는 과연 부족하다. 이같이 부족한 것이 무엇을 할꼬. 이제 언제 배워가지고 될까하여 답답하고 민망한 정이 일어남인가 하노라.

이밖에도 근심과 슬픔을 짓는 것이 있겠지마는 이는 불과 때때로 임시 발생하였다가 임시로 없어지는 것이요, 실상은 이 위에 말한 두 가지인 듯하다. 병으로 슬퍼함도 단순히 병의 괴로움을 위함이 아니고 그 병 때문에 앞길에 활동을 잃을까 저어함인가 하노라.

내 사랑아, 너는 과연 이것을 위하여 근심하며 슬퍼하는가. 나는 이에 대하여 좀 말하노니 자세히 보아라. 나는 다른 사람의 앞길에 대하여는 어찌 될고 하여 생각이 주저하나 경신의 앞길에 대하여서 조금도 의심 아니하고 크게 열릴 줄 믿노라. 지금 경신 생각에 앞길을 막는다 하는 것이 모든 것 막는 것이 아니요, 실상은 크게 여는 시작이다. 큰 문을 여는 데는 작은 문을 여는 것보다 더 힘 드는 것같이 큰 일꾼의 큰길을 여는 데는 큰 곤란과 많은 장애가 있나니 그런즉 그 곤란과 장애가 길을 여는 법칙임을 알겠도다. 또한 경신이 오늘의 부족한 것은 절실하게 알아진 것이 벌써 전보다 족한 땅에 나온 것이요, 이 앞에 더욱 족하여질 기초이다.

내 어찌하여 경신의 앞길이 크게 열릴 줄을 확실히 믿는가? 그대는 스스로 부족하다 한하지마는 내가 밝히 아는 바 그대는 과연 하나님의 특수한 은혜를 받았나니 근본적으로 큰 일꾼의 자격을 갖추었음이라. 그대는 첫째는 사랑이 많고, 둘째는 진실하고, 셋째는 부지런하고, 넷째는 너그러운지라. 이 네 가지 보배를 가지고 이왕에도 많은 일을 하였거니와 이 앞도 더욱 크게 일할 줄을 믿노라. 누구든지 설혹 철학박사가 되었더라도 경신의 가진 인정, 근면, 진실, 관용 네 가지가 없으면 아무 일도 못하고 죽은 자가 될 것이요, 설혹 학식이 부족하더라도 그 네 가지가 있으면 크게 일하는 사역자가 되는 법이라.

그대 일찍이 그같이 보배로운 네 가지 큰 자본을 받아 가졌나니 이러므로 우리 대한의 보배라 하고 내가 그대를 사랑할 뿐 아니라 높이 공경하나이다. 그대가 이미 그런 보배의 자본을 받아 가진 바에는 그것을 받은 줄 알고 하나님께 감사할 것이요, 그 보배를 잃지 않고 전날 내려온 그대로 나아가면 배운 것만 가지고도 그런 보배가 없는 높은 학자보다 몇 백 배의 큰일을 하겠거늘 하물며 그대는 배우면서 일하여 지식과 능력이 더욱 더욱 진취할 줄 믿노라.

나는 그대를 만난 것을 은근히 기뻐하나니 이것은 좋은 사역자인 때문이외다. 나는 그대의 할만한 일이 많은 것을 보았고 내가 힘이 있는 날에는 돕고저 합니다. 내 사랑 경신아, 스스로 낙심하여 울지 말아라. 지금에 고통하는 그 병도 능히 고칠 수 있는 것을 나는 확실히 알았으므로 아무 근심 아니 한다. 그 발병이 어찌 되는지 모르나 그 역시 쾌차가 될 것이거니와 설혹 한 팔 한 다리가 없어질지라도 그 네 가지 큰 정신만 없어지지 않으면 크게 일하리니 무엇을 두려워 하리요.

그런즉 경신은 지금에 병 앓는 시간을 불행의 시간으로만 생각지 말고 이 시간을 지혜롭게 이용하여라. 어떻게 하여야 지혜로운 이용이 될까? 이 시간은 평생에 큰일을 하기 위하여 한번 크게 쉬는 시간으로 이용하여

라. 큰 쉼이 큰 일에 예비임을 알지 아니 하는가. 크게 쉬는 시간으로 밝히 알고 뜻을 정하면 크게 얻을 것이 있으리라. 그렇지 않으면 병도 아니 날 뿐더러 큰 얻을 것을 잃을까 두려워 하노라.

크게 쉬는 시간으로 정한 이상에는 무엇을 한다 만다, 하겠다 말겠다, 좋다 언짢다를 다 버리고 다만 화평한 뜻으로 때때로 묵묵히 기도하여 그 큰 정신의 힘을 더욱 더욱 기르고 스스로 믿는 용기를 더욱 더욱 굳세게 하여라. 이 시간을 바로만 이용하면 대학교 졸업보다 승하였음이 있으리라. 더 쓰려다가 그만 그친다. 내 사랑 경신아, 울지 말아라. 네 앞길은 광명하고 크도다. 하나님이 너를 버리지 아니하고 우리 민족은 너를 요구할 수밖에 없느니라.

15. 이유필과 조상섭에게 보낸 서한의 초고

○ 李裕弼, 趙尚燮에게 보낸 서한 초고15) (1925. 1. 20.)

與李裕弼趙尚燮書 草稿

1925년 1월 20일

(一) 양차 혜함 배승(拜承)하였습니다. 도미 중로 전월 5일 호항(湖港, 호놀룰루항)에 도착하여 3일간 두류(逗留, 머무름)하고 10일에 발정(發程, 길을 떠남)하여 16일 상항에 도착하였습니다. 잠시 동안 하도(夏島, 하와이) 형편을 시찰한즉 호항(湖港) 방면에 일부 청년학도들이 문화상 진전된 점이 전일보다 많고 일부분의 실업도 진전된 상태가 있고 농촌에 산재한 다수 동포는 생활 유지에는 큰 근심이 없으되 지식이나 경제에 아무 저축한 것이 없고 연치(年齒, 치아)는 거의 중노(中老) 이상에 달하여 아무 희망이 없는 신세가 되었으니 특히 기뻐할 점은 없고 슬퍼할 점은 있습니다.

종교는 미이미교(美以美敎, 감리교) 기독교 양파인데 미교는 소수이고 기독교는 다수인데 기독교는 전부가 이승만 박사(李博, 이박)를 옹호하고 미이미회(美以美會) 전부는 이승만 박사를 반대하는 형편이고 사회는 전 국민회를 민단으로 개조하였는데 전 독립단과 미이미회 일측과 기타 방관측은 민단과 아무 관계가 없고 민단에 참가한 사람은 역시 이박을 옹호하는 이들입니다.

이승만 박사를 후원하기로 목적한 동지회는 인원이 수백여 명인데 그

---

15) 《대한민국임시정부자료집》 42권 서한집Ⅰ. 도산이 1924년 세 번째로 미주를 방문하였을 때 상해의 측근 동지인 이유필과 조상섭에게 보낸 편지의 초고로서 홍언이 속기한 글이다.

결속이 견고한 형편이고 이박이 다시 청년동지회를 발기하여 북미와 하와이(美布)간 신진학생을 망라하기로 계획 중이고 이박이 다시 경제기관을 시설하여 총자본 백만 원(元)에 매주(每株)에 10원으로 자본이 성립된 후에 본국 식료품을 하도(夏島)로 수입케 (하고) 기타 은행 등을 경영케 한다 하는데 민간에 선전되기는 이박의 운동력으로 한미 간 직접 항해케 되는데 이 기회를 타서 우리는 직접 통상해야 독립운동에 큰 효과가 있겠다고 한답니다. 그러나 현금 하도 형편으로는 다수의 금전을 모집하기 불능하겠습니다.

이박이 관리하는 기독학원과 기독교회와 태평양잡지, 《국민보》 등에 대하여 유지가 곤란한데 동포의 담부(擔負)가 과도하여 긴 시간을 약종(諾從, 기꺼이 따름)할는지 난관이옵니다. 현시 하도 전반 인심은 옹이(擁李) 반이(反李) 양파의 싸우는 상태가 전일에 비하여 안정한 상태이고 정신상 구시(仇視, 원수로 봄)하는 것은 일상이옵나이다. 제(弟)는 각 방면에 환영을 받을 때 각방을 원혼(圓混, 원만히 아우름)한 뜻으로 대하였고 민단 반대 측에 대하여 전부가 다 민단을 들어가 민단을 통일적 자치기관이 되게 하라고 하였습니다. 그러나 그 말대로 권고되기는 하되 짧은 시간 몇 마디 권고도 할 수 없었습니다.

(二) 미주 형편은 가주(加州) 북방 화농(禾農, 벼농사)과 포농(葡農, 포도재배)이 실패하고 따라서 노동하는 형태가 양퇴(襄退, 쇠퇴)함으로 미주한인사회 전반이 경제상 타격을 크게 받았고 과거에 애국금·공채금·구미위원회담당금·독립의연금 등으로 과도한 금전을 소진한 때문에 동포가 곤란한 상태입니다. 이로 인하여 추락된 동포도 불소하거니와 동양인배척안이 통과된 후로 농장생활을 유지할 실력도 없으려니와 권리까지 없음으로 지금은 각 도회에 들어가서 식료품 및 과채상업과 세탁업으로 생활로를 새로 개척하는데

적은 자본으로 도시 영업 생활에 극히 골몰한 형편입니다.

현재 상태로는 혹성혹패(或成或敗)하여 겨우 생활을 유지하고 그냥 뻗치어 나가며 장래 희망은 많습니다. 미주 한인사회의 경제 상태가 현금으로 논하면 큰 실패라 하겠고 계단으로 말하면 노동으로서 농업으로 다시 도시상업으로 나오니 진보도 볼 수 있습니다.

사회는 국민회와 구미위원부가 대립적 상태인데 증왕(曾往, 이전에) 애국금과 공채금이 충돌되는 시에 국민파와 구미위원부파가 분립된 것이 금일까지 계속되었습니다. 연전에 구미위원부측으로서 국민회를 민단으로 개조하라고 국민회에 제출하였는데 국민회로서는 회 체제를 그대로 두고 민단의 의무를 이행하겠다 하여 그 안이 실패된 후에 소수 인원이 스스로 민단을 령설(另設, 따로 세움)하였는데 금일에 지(至)하여는 명의(名儀)뿐이요 실지는 없습니다.

또는 국민회 및 흥사단을 대치로 하여 이살음(李살음) 김달진(金達鎭) 제씨가 노동사회개진당(勞動社會改進黨)을 조직하고 다수 무식계급의 동포를 모집하여 한때 분란한 상태를 이루었고 현금에는 내홍도 있으려니와 아무 실력이 없습니다.

국민회는 증왕에는 재미 전체 한인의 통일적 기관으로 유지하여 왔거니와 사회 결렬 이후로는 일부분의 동포로 유지케 된 때문에 의무금을 배수로 증가하였으니 경비가 극히 곤란한데 다만 기개(幾個, 몇 개) 간부 직원의 성력으로 존속하여 갑니다. 지금에도 민단이라 노동당이라 하는데 참가되었든 동포들이 가끔 해(該)당에 대하여 성의(誠意)가 풀림으로 의무를 이행치 않으려고 국민회에 대한 감정적 구시(仇視, 원수로 여김)는 그냥 있는데 근간 《신한민보》에서 이박 공격서를 기재한 때문에 감정상 반동이 더 불어갔습니다. 그런즉 국민회는 그 자체를 유지하고 《신한민보》 간행을 계속하기에 골몰하고 다른 것을 돌아볼 여지가 없습니다.

구미위원부는 그 정신이 임시정부에 예속한 선전 및 외교하는 사무를 담임한 기관이 아니고 일종의 정당도 같고 민단도 같고 일종 사회 사설단체와 방사(仿似, 비슷하게 닮음)한데 이박을 옹호하는 것이 목적의 중심이 된 듯합니다. 이박을 옹호하는 북미 하와이에 있는 동포들은 구미위원부가 최고최요(最高最要, 가장 필요함)한 기관으로 압니다. 그런데 지금에 와싱톤에 3간 사무실을 유지하고 뜰두와 허(許)모와 신(申)모 세 임원은 유급 직원으로 남궁염(南宮炎)은 명예위원으로 서박사는 명예고문관으로 하여 1년에 사업비는 그만두고 단순히 유지만 하자 하여도 미화 5, 6천 원을 가져서야 되겠는데 전일에는 미주사회에 경제 융통이 잘 되었고 동시에 독립운동에 대한 신경 흥분과 사회 결렬의 반동적 작용으로 과분한 금전이 수입되어 유지하여 왔거니와 금일에 이르러서는 구미위원부를 미신하는 동포들이라도 후원할 실력이 없고 따라서 심정이 지난한 상태에 처하였으니 구미위원부는 오래지 아니하여 불공자진(不攻自盡, 공격하지 않아도 스스로 무너짐)의 형세입니다. 혹 사회풍조로 구미위원부 옹호파의 반동을 일으키면 기분간(幾分間, 얼마 동안) 더 유지할는지 모르겠습니다.

북미실업회사는 화농(禾農, 벼농사)에 미화 3만여 원을 손실하였고 1만여 원 가치 되는 과원을 매치(買置, 사놓음)하고 현금으로는 1만여 원이 남아 있었는데 일직 원동에 농장경영으로 나갔다가 임시정부에 대입(貸入)된 1만 원이 그 시 동지 중 몇 사람이 보낸 것이었다는 그것을 북미실업회사 돈으로 안모(安某, 안창호)의 사용(私用)을 후원했다고 선전되고 동시에 정치 결렬의 악감(惡感)으로 옹이측(擁李側, 이승만 옹호파)에서 북미실업회사를 마멸(磨滅)할 정책으로 인허(認許) 임시 조직된 것을 빙자(憑藉)로 하여 주식금을 도로 내어달라고 법정에 기소한 지 우금 3년간에 아무 결말이 없고 현금은 법정에 집유(執留, 붙잡아 놓아 머물러 있음)가 되었음으로 그 돈을 임의로 천동(遷動,

옮김)치 못합니다. 1만원 가치의 과원은 완매(完買)하였던 것이 아니고 선금을 걸고 연년이 부어가던 것인데 현금이 집유됨으로 그것을 실행치 못하여 1만여 원을 들여 매수하였든 부동산까지 전실(全失)하였습니다. 제가 도미(到美) 후에 북미실업회사에 대하여 기소한 기인을 권유하여 기소한 것을 철소(撤消, 취소)시키고 나머지 돈으로 찾아가기를 원하는 사람에게는 내어주고 존속하기를 지원하는 사람으로 존속케 하려고 하는데 속한 기간에 성공이 못될 것 같습니다.

본 단(흥사단)은 우리 동포 다수의 금력이 기금으로 들어갔다가 그것이 전실(全失)하였고 평일에 경제상 유력하든 동지들은 거의 다 큰 채무자가 되었습니다. 이로 인하여 심리상 추락도 없지 아니하였습니다. 일즉 간부 직원에 대하여 불온한 상각(想覺)을 가졌던 이는 소수이온데 장차 융화가 되겠고 아주 추락된 몇 사람은 희망이 없습니다. 그러나 이 몇 사람의 심리여하로 단의 큰 영향은 줄 것이 없습니다. 다만 송(宋)군 혼인문제로 인하여 기독교에 거(據)하는 단우들의 심리로는 불평이 없지 아니하나 얼마 시간을 지나가면 다 풀리겠습니다.

송군의 단에 대한 성의와 향상하는 정신은 조금도 퇴축(退縮, 움츠리고 물러남)함이 없습니다. 재미 단우 중에 중견될 만한 정도에 있는 이들이 일부 지방에 집중되지 못하고 각처에 산재(散在)하였으며 더욱이 의사원들이 원근에 산재하여 있음으로 단의 중심을 튼튼케 하기에 곤란하오며 규칙 개정과 기타 가부 진행을 민속(敏速, 재빠름)히 할 수 없습니다.

본단 동지 중에 과학 방면에 노력하는 이가 불소하온데 불과 기년에 상당한 사업가들이 될 희망이 있습니다. 흥사단 전체를 살피건대 단에 대한 정신을 시종이 여일하게 가지고 나아가는 철저한 동지가 불소하고 퇴보되었다는 이는 무식급에 있는 이들로서 근본적 향상적 정신이 박약하고 또는 경제적 욕망을 이루지 못하는 소치입니다. 그러므로 본단에 조금도 동요될 염려가 없고 계속하여 나아갈 형편인데 원래 미주에 동포의 수효가 적은 고로 크게 진전 못 할 것은 면치 못하는 시실입니다.

본 단의 경제력은 경상 수입되는 의연금으로는 단소비와 사무비를 지탱(支撐)할 수 없고 매년 대회특별기부금으로 부족을 보충하나 그 역 부족하여 문사부의 돈을 나용(挪用, 잠시 돌려씀)한 것도 다소 있습니다. 기본적립금은 요동치 못할 것이니 말할 것 없고 준비적립금 불과 기천원에서 원동토지경영으로 5천원을 획하(劃下, 나누어 줌)하였고 동명학원 건축비로 2천원을 획하하고 본단 수양동맹회 사무실보조비로 5백원을 획하하였으니 여재(餘在)가 별로 없습니다.

이상은 미주의 진상을 진술하였고 제가 미주에 있어 행할 바는 본단을 더 결속할 것은 물론이고 우리의 원동경영과 장래 경제적 활동에 기초를 세우려 하는데 본단의 정신상 단속은 과히 어려운 일이 아니나 경제적 활동의 기초를 세움에 대하여는 수년 시일을 지낸 후에 희망이 있겠으니 당분간에는 동지들이 각각 기설(旣設, 이미 설치해 놓음)한 개인 직업에 힘을 전주(全注)하고, 경제운동 하는 데는 아무리 하고져 하더라도 되돌아볼 여력이 없으니 경제적 운동은 제가 재미하는 단시간에는 소망이 적습니다.

(三) 재미 전체 한인으로 하여금 통일적으로 재미 자치기관에 합동케 하고 다시 중앙기관을 통일적으로 후원케 할 터인데 이는 먼저 각방의 감정을 융화시키고 앞으로 진행사를 이행케 한 후에야 될 터이온데 형도 아시는 바 결렬된 인심을 감독시킨다던지 몽매한 심리를 각성시키는 것은 단축(短促, 짧은)한 기간에 명령적으로 될 바가 아니고 긴 시간을 두고 감화에 감화를 더하여야 될 터인데 직접 남북수만리에 산재한 전체 동포에게 대하여 제가 미주에 두류하는 몇 달 동안 시간을 가지고는 원하는 대로 실현시

키기 불능하겠습니다.

그러나 우리의 요구하는 몇 종류 일에 대하여 불능한 한도내에서 노력하려 합니다. 제가 도미함으로 본국 동지들의 향방은 일치되겠고 우리 경영에 대한 후원은 점차 생길 터이옵고 재미 사회의 융화도 비교적 차복(差復, 나아짐)할까 합니다. 제가 미주서방 심방(尋訪)하고 동방까지 순방할 예정이나 제가 도미하는 여비에 대하여서도 동지들이 어려운 가운데서 분외의 힘을 다하였는데 다시 미주에 순행하는 여비를 후원하기 어렵겠습니다. 몇몇 동지들이 후원하기를 주시하는 중인데 그 경과를 보아야 동방순행에 실시 여부를 알겠습니다.

미주에 관한 말은 그만하고 임시정부에 대한 말씀을 하겠습니다. 구각원(舊閣員) 제씨가 몇 해 동안 무리한 고집을 하여오다가 종국에 저와 같이 임시정부를 포기하고 마오니 정부와 및 그 개인들을 위하야 애석하옵니다. 그런데 우리 동지 제씨가 무정부의 화(禍)를 면케 하기 위하여 백난(百難)을 불고하고 입각함에 대하여 멀리 감사함을 말지 아니합니다. 제는 임시정부 유지 및 발전에 대하여 생각이 망연(茫然, 막연함)하여 민울(悶鬱, 고민스럽고 우울함)함을 금할 수 없습니다. 당국하신 여러분은 고초되심이 더욱 많을 줄로 압니다. 물음에 대하여 대강 말씀하옵나이다.

(1) 제도문제 : 제는 본시 제도는 형식으로 보고 큰 문제를 삼지 안는 때문에 전 제도를 보수하거나 현 제도를 개정하거나 신 제도에 대하여서도 어떠한 형식으로 하든지 다수 의견에 방임하고 별로 말하고저 아니 합니다마는 위원제 등의 명사(名詞)는 피함이 좋을가 합니다. 명칭에 대하여서는 평시에도 말씀하였거니와 황제라거나 대통령이라거나 총리라거나 위원장이라거나 집권행사를 지정함에 달리었고 명칭은 아무 관계가 없습니다. 그런데 세인의 생각에 넘어 놉다고 하는 명칭을 사용하면 소위 고등급

인물의 시기와 질투로 곤란이 생하는 것은 현시 우리사회의 고려할 바이고 그렇다고 아주 위원 등의 명칭을 사용하면 무식급에 있는 다수의 군중에게는 무시함이 되며 위령(威令)이 감(感)하겠고 따라서 일방에는 적화(赤化)되었다는 선전의 방해가 있을까 함이외다. 또는 최고주권자에 권리를 약하게 하는 것이 현시에는 별 관계가 적으나 향후 직접운동 실행 시에는 폐해가 있을까 하오니 차역(此亦, 이 또한) 주의할 조건입니다.

(2) 구미위원부 문제 : 구미위부원부의 정황을 이상에 기록한 바 졸연(卒然, 갑자기)히 폐지령을 발포하면 아무 이해가 없고 위원부를 미신하든 미국 하와이의 동포는 무조건하고 반항하겠고 동시에 위원부를 망케 한 책임은 현 내각에 지울 터이니 법리상으로 보아서는 임시정부가 당연히 폐지할 것이나 실제상으로 보아서는 아직 묵과하고 내후 형편을 보아서 군중의 반감을 일으키지 않고 조처함이 지혜로울까 합니다. 제와 및 차지(此地) 동지들이 구미위원부의 형편을 더 조사한 후 다시 의견을 제공하오리니 기다리소서.

(3) 금전수납 문제 : 이상 미주 정황을 기록한 것을 보시면 금전수납의 곤란한 것을 더 말씀치 아니하여도 짐작하실 듯합니다. 임시정부를 후원할 뜻이 있는 국민회원들은 해(該)본부에 대하여 전일보다 배수의 의무금을 내는 터이니 과도한 의무를 또 지우면 실행이 되는지 염려이오며 그 외 동포는 불평과 낙심에 빠졌으니 실행이 곤란합니다. 연즉(然則, 그런즉) 차지(此地) 동포의 감정을 융화시키어 비교적 협동심이 더 생기게는 못 되더라도 다수의 통일하는 형세가 이루어진 후에 정부에 대한 의무부담을 인구세 이외에 좀 더 시키어도 될 것이옵니다. 즉금 이 시간에는 재무원이나 기타 하등 명목으로든지 수금위원을 령치(另置, 따로 설치함)하여야 아무 효과가 없을 터이오니 아직은 국민회 지방총회에 위탁하여 수금케 하는 것이 합당할 듯하나 임시정부에서 일찍 구미위원부에 금전을 징수하는 권리를 준 일이

있었사오니 아직 아무 명령을 표시치 말고 제가 국민회 당국자에게 비공식으로 부탁하여 거두어지는 돈을 임시정부로 보내게 하는 것이 좋을 듯합니다. 즉금 내지(內地, 국내) 기근에 빠진 동포를 구제하는 일이 발기되오니 이에 대하여 돈을 낼만한 정도에 있는 사람은 열중할 형편이라 이러므로 다른 돈은 걷기가 더욱 어렵게 될 듯합니다.

(4) 임시정부 구급유지비를 판송(辦送, 마련해 보냄)할 문제 : 여러분의 하촉(下囑, 요청)이 없더라도 제가 상해 사정을 잘 아는 바 속히 판송할 뜻이 간절하오나 공체(公体)의 돈은 천동(遷動, 움직임)하기 불가능한 형편이고 개인들에게 주선하려 한즉 이상에 말씀한 바와 같이 각기 자기 영업에 자본이 적시고 현금 유통되지 못하는 고로 속히 판비(辦備, 마련)하기가 심히 곤란합니다. 그러나 제가 후원 아니하여서는 아니될 줄은 압니다. 수일 후에 미주 지방으로 가서 몇몇 사람에게 빚을 내어서라도 얼마든지 되는대로 보내려고 생각합니다.

(5) 장차 제가 두령(頭領)되는 문제 : 만일 귀지에서 여러 사람들이 제를 두령으로 선거하더라도 제는 결코 실행치 않겠습니다. 이같이 말씀하오면 불성의로 오해할 이도 있을 줄 압니다마는 제는 임시정부의 두령이 되어가지고는 아무 것도 적극적으로 진행할 자신이 없습니다. 임시정부 명의를 존속하기 위하여서는 백암(白岩, 박은식) 선생이나 기타 누구든지 백암 선생과 같이 공정하고 인애하는 덕이 있는 이면 족하오니 명의 보전을 위하여는 특별한 인재를 요구할 필요가 없습니다. 현 시국에는 누구든 어떻게 출중한 인격자라도 자기가 상당히 활동할 만한 금력을 가지지 못하고 주위의 진정한 후원을 줄 중견의 동지자가 없고서는 아무 것도 못할 줄을 밝히 봅니다. 제가 인격자가 되고 못되는 것은 별문제이고 설혹 인격자가 된다고 하더라도 경제력과 후원력을 예비치 못한 것은 형들도 자세히 아시는 바가 아니옵니까. 두령이란 명의를 가지고 책임은 이행치 못하고 공연히

시간을 소비하는 것보다 망정(望定, 미리 정한)한 의사대로 기초력을 준비하기 위하여 노력을 다하는 것이 국민에게 충성을 다함이 되는 바입니다. 그런즉 이 과도시기에는 박은식(朴殷植) 선생과 이상룡(李相龍) 선생같은 이들을 두령으로 추대하는 것이 좋을까 합니다.

(6) 금일 현 내각에서 어떠한 태도를 취함이 유익할까 함에 대하여 우견(愚見)을 앙진(仰陳, 말씀드림) 하오니 참고하심을 바랍니다. 모르거니와 혹 여러분께서 제도변경을 가장 긴급한 행사(行使)로 생각하실 듯 하오나 제의 생각에는 현시상태에 처재(處在, 있는)한 의정원으로서 여허한 좋은 제도와 법규를 제정하더라도 그것으로써 군중집중적 힘에 큰 효과를 주리라고 믿지 못합니다.

우견(愚見)에는 법식 이외에 비공식으로 각 방면 유실력(有實力)한 인사에게 감정이 융화되고 임시정부를 유지할 책임심이 생기도록 소통에 노력함이 가장 필요한 줄로 아옵니다. 예로 말씀하면 이상룡(李相龍)·이탁(李坅)씨와 구춘선(具春善)·김약연(金躍淵)이나 이동휘(李東輝) 심지어 이승만 씨한테까지라도 정치계·종교계·교육계·군인계 기타 각 단체 두령자에게 백암 선생 이하 현 각원 제씨가 개인 명의로 연서하여 통신하되 임시정부의 생명이 단절하여서는 아니 되겠는 고로 당분간 붙들기 위하여 과도내각으로 입각하신 뜻을 말씀하고 금회에 최고기관 유지할 것과 독립운동 진행할 방침을 말씀하여 달라고 간곡한 뜻으로 하여 다수의 동정심을 일으키기를 운동하고 다수의 의사를 본 후에 다수의 원에 의지하여 제도를 정하며 인물을 선용하는 것이 좋을까 합니다. 또는 지금부터 각처에 진정한 인물을 망라하여 견고한 중견력을 세우기에 착수하는 것이 좋을까 합니다.

이와 같이 하는 것이 시간이 연장된다고 꺼리어 급한 마음으로 법식에만 종사하면 모든 것이 형식만 되고 말까 두려워합니다. 너무 자세히 말씀하는 듯 함이 미안하오나 금차 각처에 통신함에는 활자나 등사 등의 인쇄를 사용치 마시고 서역(書役) 잘하는 청년들을 사용하야 초송(抄送)하는 것이 더 좋을까 합니다. 이것을 위하여 미주에 있는 인사들의 씨명을 록송(錄送, 기록하여 보냄)하오니 타지에 통신하실 경우엔 차지(此地)에도 일례로 하시옵소서. 말씀을 이만큼 그치고 회교(回敎, 답장)를 받은 후에 다시 말씀하겠습니다. 이 편지는 제가 부르고 홍모(홍언) 형이 필기하온 것이오니 친사(親寫, 직접 씀)한 것과 조금도 차이가 없이 보시기를 바라옵나이다.

1925년 1월 20일

16. 홍언 동지에게 보낸 답장

○ 洪焉 同志 回鑑16) (1931. 11. 6.)

단기 4264년 11월 6일   안창호(安昌浩) 거수

홍언 동지 회감

　두 차례의 서한을 받아 읽고 기뻐하였습니다. 이번에 일본이 중국의 동북을 침략함으로 인해, 중국의 일반 민중이 격분하여 일본상품 거부운동을 적극 진행하며 학생과 함께 시민이 의용군에 참가하여 출전하기를 맹서하니 중국이 새롭게 일어나는 분위기에 탄복을 합니다. 그러나 그 영도자들은 아직도 단결을 이루지 못하고 분규하는 가운데 있으니 애석합니다. 우리들도 이 시기에 있어서 평상시보다 분발심이 일층 더하여 중국과 합작하여 일본을 대항할 뜻이 많습니다. 만주 일이 발생된 후로 상해 한인 각 단체가 연합하여 격문과 전보를 보내는 등 선전에 노력하며 중국인들과 감정 대립을 완화하기 위해 노력하였나이다.

　제(弟, 도산)가 연합회 회장의 책임 명의를 가진 고로 책임이 더욱 중하오나 본시 무능한 자로서 금력이 없음으로 일에 진행이 곤란합니다. 지금 만주에 재류하는 동포 중 재래의 혁명운동자는 적에게 포로와 학살을 당하고 보통 농민은 중국 패병(敗兵) 및 토비(土匪)에게 약탈과 학살을 당하니 비통함을 금할 수 없습니다. 이러므로 본즉 만주에서 일찍부터 운동하던 혁명단체는 유지할 길이 없고 생명이 남아 있는 혁명동지들은 각처로 분산되

---

16) 《도산안창호전집》 제8권, 631-637쪽. 도산이 자필로 대공주의(大公主義)를 말한 최초의 사료로 흥사단 내 〈대공주의연구모임〉이 한글로 옮겨 2016년 12월 6일 흥사단 홈페이지 자유게시판 (5716번)에 처음 공개하였다.

어 우리 혁명의 해외 근거지가 당분간은 와해가 되었으니 어찌 원통하고 애석하지 아니 하리요.

이 시기에 있어서 일인(日人)은 우리의 보통 농민을 적극으로 보호하는 태도를 취함으로 중국인에게 공포를 느끼던 자들이 자연 그 보호의 밑으로 들어가게 되므로 일인이 주관하는 보민회(保民會) 등 단체가 날로 확대되는 형편이고, 한인 중에 질이 나쁜 사람들은 일인의 세력을 배경으로 하여 중국인을 학대하며 그 재산을 약탈함으로 중국 보통 인민에게 민족적 다대한 악감정을 유발하게 됩니다. 이것저것이 다 원통하고 애석한 일이 아닐 수 없습니다. 그러나 중국의 뜻있는 사람들은 중·한(中韓) 양 민족의 합작을 성심으로 부르짖습니다.

지금 동아시아에 큰 문제가 발생된 이때에 있어서 우리들이 우리의 운동을 일층 더 전개하여야 되겠습니다. 그런데 무엇을 어떻게 할까가 문제입니다. 우리 욕심에 하고 싶은 것은 많고 또한 기회도 좋으나 일찍 준비한 것이 없었음으로 욕심을 욕심대로 펴지 못하겠으니 스스로 부끄럽고 분한 것을 말할 수 없습니다. 이전에도 힘써야 할 것이었지만 이 시기에 있어서 더욱이 먼저 힘쓸 것은 우리의 내부 조직을 충실케 하여야 하겠습니다. 아직도 우리에게는 전 민족을 대표할만한 온전한 혁명당이 없습니다. 아직 완전한 혁명당이 될 만한 기초도 세워지지 못하였습니다. 이것이 없고서는 무엇을 하던지 간에 그것은 뿌리 없는 가지와 같으므로 잠시 동안 푸른빛이 있더라도 결국은 말라 쓰러지고 맙니다. 그러므로 나는 크게 주장하기를, 이런 때일수록 일시적 흥분으로 덤비지 말고 먼저 통일적 대당(大黨)을 조직함에 전심전력해야 한다고 생각합니다.

우리 민족이 피치 못할 혁명기에 있어서 혁명자가 있다 하며 혁명운동을 한다고 하면서도 완전한 혁명당은 실현되지 못하였으니 이것 참 괴상한 일이 아닙니까. 형이나 나나 한국의 혁명운동자로 자처하면서 한개 혁명당의 기초도 세우지 못하였으니 얼마나 부끄럽고 통탄할 일입니까? 호(浩, 도산)는 성공과 실패를 헤아리지 않고 이제까지 주장하던 대당조직을 관철하는데 전력을 다 하겠습니다.

이때에 위험을 무릅쓰고 만주에 여러 동지를 밀파하며 내가 직접 출동하여 실제 형편을 조사하여 대당조직을 실행하려 하오나, 아직 그만한 운동자금도 입수되지 아니함으로 단행치 못하고 시기를 기다리고 있습니다.

그 다음에는 중국과 합작할 것을 이 시기에 활동하는 것이 평시보다 몇 배나 효과가 있겠습니다. 그동안 진행한 결과 만주를 대표한 민중단체와는 절실한 연락을 맺었습니다.(이것은 비밀입니다) 이 밖에 여러 방면으로 접촉 중인데 중국의 시국이 완화되면 절실한 연락을 취하게 될런지 의문이나 감정연락(感情連絡, 정신적 소통)은 비교적 진척되리라고 믿습니다.

지금 상해각단체연합회는 일시 선전을 목표한 결합임으로 혁명운동을 능률적으로 진행할 소질을 가지지 못하였습니다. 그러므로 대당조직(大黨組織)과 중국인과의 합작을 위하여는 표현되지 아니한 특수적 결합으로 진행하는 중입니다.

우리가 부르는 통일당(統一黨), 대당(大黨)하는 것이 말하기는 쉬우나 실제에는 어려움이 많습니다. 아직도 완전한 당이 실현되지 못하는 것은 반드시 그 원인이 있습니다. 지금도 그 원인과 싸워가면서 조직하여야 되겠으니 어려움을 피할 수 없습니다.

당을 조직함에 기본적 요구가 셋입니다. 1)은 핵심이 될 만한 기본 동지, 2)는 민중이 신앙할 만한 기본 이론, 3)은 조직운동비에 충당할 만한 기본 금전이니 이것이 있고서야 성립이 되고, 이 셋 중에 하나만 없어도 공상뿐이요 실현될 수가 없겠습니다. 이상 세 가지 중 먼저 할 일은 기본적 동지를 규합하는 것입니다. 그런즉 형께서도 미주에 있어서 믿을만한 동지들과 의논하여 세 가지 기본 요구에 노력하시기를 바랍니다.

기본 동지 될 자격은, (1)은 혁명의식이 철저하여야 할 것, (2)는 혁명이론의 원칙이 일치하여야 할 것, (3)에는 대당을 조직할 각오가 절실하여야 할 것, (4)는 당과 동지에 대한 신의를 확수할 소질이 있어야 할 것, 이 네 가지를 갖춘 자라야 될 것입니다.

혁명이론 기본 원칙에 있어서는, (1)은 우리는 피압박 민족인 동시에 피압박 계급임으로 민족적 해방과 계급적 해방을 아울러 얻기 위하여 싸우자. 싸움의 대상물은 오직 일본제국주의임을 인식해야 할 것, (2)는 우리의 일체 압박을 해방하기 위하여 싸우는 수단은 대중의 소극적 반항운동과 특별한 조직으로 적극적 폭력 파괴를 중심으로 하여 선전 조직 훈련 등을 실행하며 실제 투쟁을 간단(間斷)없이 할 것, (3)에는 일본제국주의 압박에서 해방된 뒤에 신국가(新國家)를 건설함에는 경제와 정치와 교육을 아울러 평등하게 하는 기본 원칙으로써 민주주의 국가를 실현시킬 것, (4)는 일보(一步)를 더 나아가 전 세계 인류에 대공주의(大公主義)를 실현할 것. 이상 네 가지로 말한 우리 혁명 이론에 대하여 형(洪焉)의 의사부터 어떠한지 정확히 표시하기를 바랍니다.

형께서 물질로 후원할 뜻을 말씀하였으나 지금 미주 동포들이 경제 공황(恐慌) 중에 빠져 있으니 형의 뜻을 이루기 어려울까 합니다. 만일 된다고 하면 대당조직비를 후원하기 바랍니다. 상해각단체연합회로 보내는 것은 공개하여도 좋거니와 대당조직비는 아직 공개치 아니하여야 되겠습니다. 만일 돈을 보내실 경우에는 대당조직비인지 상해각단체연합회의 기부인지 창호 개인을 원조함인지 정확히 지시하기를 바랍니다.

17. 송종익에게 보낸 서한

◉ 宋鍾翊에게 보낸 서한17) (1932. 7. 9.)

7월 9일 안창호 거수

송종익 賢友 鑒(감, 보소서)

원활(遠濶, 먼 곳)한 땅에 계셔서 호(浩, 도산)를 위하여 비상히 염려하실 줄 아옵니다. 차처(此處) 형제들의 통신으로 다 자세히 아셨을 줄 생각하옵니다. 호가 경성에 들어온 후로 경관들에게 특수한 관대(寬待)를 받음으로 비록 구금 중이라도 자유와 편의가 많습니다. 본월 15일에 검사국으로 간다고 합니다. 호의 장래가 어찌될런지 모르나 비교적 경(輕)하게 해결될 듯합니다. 그러나 호는 경중(輕重)간 관심을 하지 않고 자연에 방임합니다. 춘원과 기타 친구들이 정성을 다하여 돌아봄으로 하등에 고독하다는 느낌(孤獨之感)이 없습니다.

---

17) 《도산안창호전집》 제1권, 412-413쪽.

18. 대전 감옥에서 친지에게 보낸 편지

○ 대전 감옥에서 친지에 편지[18] (1933. 4. 11.)

安昌浩(안창호) 最近 消息

4월 2일

(지난달 28일에 서대문 형무소로부터 대전 형무소로 이감된 안창호(安昌浩)로부터 최근 그의 근황을 실은 편지가 지우(知友)에게 도착되었다는데 내용은 다음과 같다 한다.)

내가 거월(去月) 28일에 이 대전 형무소로 이전하였습니다. 당일 상오 반일 간에 온화한 춘풍을 벗하여 근 30년 간 그립던 남조선에 여행하는 동안에 쾌감, 비감이 병발(竝發)하였습니다. 이곳에 와본 즉 지방이 한적(閑寂)한데 처소가 정결(靜潔)하고 의복과 음식이 질소(質素)합니다. 또는 도덕적 감화(感化)의 공기가 있는 듯하오니 처음으로 당도한 나로 하여금 수도원에 들어온 듯한 느낌을 갖게 합니다. 무엇으로든지 경성에 비하여 많이 나으니 나를 위하여 안심하소서. 나는 그간 식욕은 평일보다 여러 배가 증가하였으나 아직 소화력이 불충분하고 등에 신경통이 그치지 않습니다. 그러나 전체로 비하여보면 건강도 전일보다 낫습니다. 조선상세지도(朝鮮詳細地圖) 한 권 사 보내시오. 금강산유기(金剛山遊記), 백두산유기(白頭山遊記)도 구송(求送)하소서.

---

18) 《동아일보》 1933년 4월 11일자.

19. 김홍서에게 보낸 서한

● 金弘敍에게 보낸 서한19) (1936. 8. 10. ~ 1937. 4. 24.)

中國 南京 太平路 一一八号 文具改進社 金弘敍 先生
朝鮮 平南 大同郡 大寶面 大平內里 松苔 安城

〈역문〉

중국 남경 태평로 일일팔호 문구개진사, 김홍서 선생
조선 평남 대동군 대보면 대평내리 송태 안성

율암 아우에게 회답함.

성심 여사와 승원 학생을 통해서 전해서 온 두 번의 편지는 다 받아 보았습니다. 오래간만에 친히 쓴 필적을 보니 감개무량한 정회를 말로 표현할 수가 없습니다. 가족 모두 평안하시며 득산 군과 다른 친구들도 역시 평안하신지요? 대신 안부 전해주시오.

남경 기지는 아우님의 의견대로 방매하는 것이 좋겠습니다. 제가 직접 가서 상의하여 처리했으면 좋겠으나, 형편이 허락지 않으니 한탄스러울 뿐입니다. 형편과 수시로 일어나는 사건을 통신만으로는 처리하기 곤란하니, 뜻이 맞는 친구 중 한 사람을 저를 대신해 대표로 파견하여 기지의 방매와 방매 후 금전의 처분에 관한 모든 일을 아우님과 상의하여 진행하게 하려 합니다.

---

19) 독립기념관 한국독립운동사연구소, 《한국독립운동사자료총서》 제4집, 〈도산안창호자료집(1)〉, 1990. 134-139쪽.

당신은 우선 방매에 착수하고 방매가 확실히 될 것 같고, 급박하게 진행될 것 같으면 아래 주소로 전보로 알려 대표를 바로 오도록 하십시오. 또 매도 수속 상 제가 해야 할 일이 있으면 알려주십시오.

전보할 사람의 이름과 주소는 평양 수옥리 동아일보 지국 김성업 입니다.

8월 10일 안창호

〈원문〉

金弘叙 先生
朝鮮 平南 大同郡 大寶面 大平內里 松苔 安城

栗岩賢弟 回鑒

成心女士와 承元生서로 轉送한 兩度 惠函을 다 接見하엿습니다. 오래간만에 親書한 筆跡을 보고셔 感慨한 情懷를 形言키 難합니다. 宅內諸節이 均吉하며 得山君과 其他 諸益이 亦安하온지 대신 問安하여주소서. 南京基地는 高見대로 放賣하는 것이 됴켓습니다. 此兄이 直接 가셔 相議조처하엿스면 됴켓스나 形便이 不許하니 深歎深歎이웨다. 形便과 時干을 따라 發生되는 事件을 通信만으로는 處理上 困難을 難免이라. 志友中 一員을 此兄의 代表로 派遣하여 基地放賣와 放賣後 金錢處分에 關한 一切를 賢弟와 相議 進케 하려 합니다.

賢友는 爲先 放賣에 着手하고 放賣가 確悉이 될 形便이오 進行時期가 急迫하면 右記處 電報하야 代表를 곳 起程케 하소셔. 또는 賣渡手續 上 此兄이 行할 條件이 有하면 下敎하소셔.

電報할 氏名과 住所 平壤 水玉里 東亞日報 支局 金性業

八月 十日 安昌鎬

제2호

〈역문〉

삼가 번거로움을 끼칩니다. 그동안 평안하신지요?

다름이 아니라 토지 매매의 건으로 대표 한 사람을 파견하여 당신과 협의하여 처리하도록 하였는데, 대표로 갈 사람이 다른 일로 바빠서 빨리 출발하지 못하게 되었습니다. 그러니 조목사와 협의하여 방매의 건을 처리하여 주시기를 부탁드리고 이만 줄입니다.

10월 6일 안창호 올림

〈원문〉

謹煩伊來之 貴體候淸安耳 就敬 土地放賣條件에 對하여 代表 一人을 派遣하여 賢弟가 같이 協議 遂行케 하엿드니 代表로 갈 분이 다른 事務에 奔忙하여 速히 出發치 못하게 되오니 趙牧師와 協議하여 放賣의 일을 遂行케 하심을 敬仰敬仰 餘不備 敬禮

十月六日 安昌鎬 拜上

제3호

〈역문〉

보내주신 편지는 잘 받아 보았습니다. 삼가 아우님의 평안하심을 우러러 기원합니다.

다름이 아니라 아우님 아드님의 취직 건은 이번 달 말이나 다음 달 초 사이에 상경하여 믿을 만한 곳에 말해 보려고 합니다.

토지 건은 대표는 정했으나 요사이 남경 등지로 여행하는 일이 심히 어려워 해당 관청의 양해를 얻어야 합니다. 해당 관청의 양해를 얻는 대로 곧 보내겠으니, 그동안에는 조목사와 잘 상의하여 준비 공작을 잘 해주시기를 간절히 바랍니다. 이만 줄입니다.

11월 21일 안창호 올림

〈원문〉

惠函을 拜受 備待이오며 更謹詢伊來 貴體萬安하심을 仰祝이오며 就敬 令允의 就職件은 今晦 初間 上京하여 可驗處에 말하려고 하며 土地件의 代表는 定하였으나 近間 南京 等地 旅行이 甚히 困難하여 該廳 諒解를 얻어야 하므로 諒解를 얻는 대로 곧 派送하겠으니 其間은 趙牧師와 友誼的으로 相議하여 準備工作을 善히 하시기 切仰切仰 餘不備 敬

十一月 卄壹日 安昌鎬 拜上

제4호

〈역문〉

수차례 보내주신 편지와 전보 잘 받았습니다. 삼가 아우님이 평안하시기를 기원합니다. 저는 산중에서 휴양 중인데, 병세가 좋아졌다 나빠졌다를 반복하며 별로 회복이 안 됩니다.

다름이 아니오라, 기지 건은 제가 본부의 위임을 받았으므로 처분할 수는 있으나 도리상 본부의 의사를 물어 처분하는 것이 좋을 것으로 생각됩니다. 팔 수 있을 때 파는 것이 좋을 것 같아 당신의 뜻에 따라 팔고자 합니다.

가까운 시일 내에 친구 한 사람을 보내겠으니 그 사람이 도착하는 대로 상의하시고 대금 처리 문제는 제가 본부의 의사를 알아보고 처리하겠습니다. 그리고 방매 여부를 다른 사람은 모르게 하시기 바랍니다. 이만 줄입니다.

8월 18일 김홍서 선생

〈원문〉

　數次의 惠函과 電報를 拜受하엿나이다. 更謹 詢伊來에 貴體候 萬安하시믈 仰祝이오며 나는 山中서 休養中 病勢는 或進或退에 別無快復이웨다. 就敬 基址件은 내가 本部에 委任을 맛타스니 處分如何의 可能性은 有하오나 道里上 本部의 意思에 물어 處分하는 것이 可할 줄로 아옵는 바이오나 放賣의 期會가 有할 때에 放賣하는 것이 爲好이갯기에 貴意대로 放賣고저 하옵는 바 親友 一人을 不遠 派送하개싸오니 該氏가 到着되는 대로 相議하시고 代金 處分 問題는 내가 本部 意思를 알아 處分하갯나이다. 그리고 放賣 與否를 他人에게는 알지 안케 하시믈 바라나이다. 餘不備 敬謝

八月 十八日 金弘叙 先生

제5호

〈역문〉

　아우님이 학원 기지 때문에 고충이 많은 것을 잘 알고 있습니다. 그리고 아우님이 공을 위하고 저를 위하는 성의가 많은 것도 잘 알고 있습니다. 동지 사이에 오해로 지장이 생길 때에는 넓은 마음으로 협의하여 잘 진행될 수 있기를 바랍니다.

　이전부터 그 토지에 문제가 많아서 모임이 있을 때 방매하는 것이 좋다고 생각했습니다. 토지국에 증명 서류가 있어 보존 상 안전하면 보존할 수 있도 있습니다. 그것을 아우님이 자세히 살펴서 한번 알려주시기 바랍니다.

4월 24일 안창호 올림

〈원문〉

　賢友가 學院 基址에 對하여서 苦衷이 많을 것을 잘 알고 있음니다. 그를 賢友가 公을 爲하고 微友를 爲한 誠意가 많은 것을 잘 알고 있읍니다. 同志間에 誤解로 支障이 發生될 때에 寬容한 마음으로 協議的으로 잘 進行되기를 바랍니다. 曾往에는 其 土地가 問題가 많음으로 取會있을 때에 放賣하는 것이 좋타고 생각하였으나 土地局에 證明이 有하므로 保存上 安全性이 有하면 保存하는 것도 가하니 그것은 賢友가 詳察하여 一次 回示해 주심을 바랍니다.

四月 卄四日 安昌鎬 拜上

20. 이광수에게 보낸 서신

● 安昌浩로부터 李光洙에게 보낸 서신[20] (1937. 4. 24.)
　- 증거 제11호(李光洙 소지)

현우(賢友) 춘원(春園)에게

송태(松苔)에는 두견화가 만발하고 있습니다. 나는 나무 심는 것을 일과로 삼고 있습니다. 작년과 금년에 심은 과수나무와 화초는 금년까지 5년 되었는데 잘 자라나서 제법 모양을 갖추었습니다. 다음 번 꽃 필 무렵에 현우(賢友)가 한번 올 것이라 기대하고 있어요.

그런데 신문에 난 발표를 보니 조선문예협회 조직에 현우가 참석한 것 같은데, 그 회의 조직 동기와 내용 및 금후 활동은 어떻게 할 것인지, 민간 자격으로 참가 여부를 고려가 필요하지 않을지. 또 현우가 참가한다면 일반적인 영향은 어떻게 될 것인가를 심사숙고(深思熟考)할 필요가 있지 않을지요. 상세한 내용을 한번 회신해 주시기 바랍니다.

　　　　　　　　　　　　　　　　　　　　　4월 24일 安昌浩

---

20) 국회도서관.《도산안창호자료집〈Ⅱ〉》(조선총독부 경무국소장 비밀문서). 1998. 30쪽.

제2장

부인에게 보낸 편지

제2장 | 부인에게 보낸 편지

1. 1904년 3월 25일

나의 사랑하는 혜련이여, 그동안 몸이 어떠하며 과히 궁금치 아니 하십니까?

나는 지나간 23일 일 떠나서 25일에 이곳에 와서 장경 씨와 및 다른 친구들을 만났습니다. 올 때에 풍랑이 없고 와서 본 즉 기후는 온난하고 인물은 상항보다 검박(검소하고 꾸밈이 없음)합니다. 아직 장경 씨와 별 의론이 없었으니 무슨 일이 있을는지 모르겠습니다. 혜련이 밋슬레익 집에 있는지 두루 집에 있는지 몰라서 두 곳에 다 편지합니다.

나의 사랑하는 혜련이여. 그동안에 마음과 몸이 어떠하였습니까. 나는 지난 23일 떠나서 좋은 일거리에 편안히 와서 오늘 아침에 이곳으로 왔는데 바다에서 이곳 오는 찻값은 35전이었습니다. 와서 장경 씨를 만났으나 아직 별 의논이 없으니 무슨 일이 될런지 이후에 편지 하겠습니다. 혜련이 옥글랜드(Ockland)로 갈려도 차비가 없을 듯하니 어찌하오. 좌우간 있는 곳을 안 후에 돈을 보내겠습니다. 어디 있는지 몰라서 두 곳으로 편지 합니다.

광무 八년 三월 二十五일 안창호

2. 1904년 3월 31일

　내가 이곳에 온 후로 두 번 보낸 편지를 받아 보았습니다. 혜련이 보낸 세 번 편지는 다 보았습니다. 편지 사정이 매우 자세하여 같이 앉아서 말하듯 하였으니 매우 감사하나이다. 내 생각에는 혜련이 속히 일함으로 다시 앓을까 염려도 되려니와 당장 견디기가 여북하겠습니다. 그대의 고생함을 생각하니 매우 가엽습니다.

　나는 이곳에 올 때에 돈이 기차세만 되어서 이곳에 내린 후에는 한 푼도 없었으나 장경 씨와 다른 친구들에게 용을 취하여(빌려서) 쓰니 매우 편하여 상항(Sanfrancisco)에 있을 때보다 당장 급박한 사정은 없고 또 내 생각이 거저 여관에 있으면 남의 돈을 많이 지겠기로 스쿨 보이(school boy, 남의 가정을 돌보아주고 그 돈으로 학교를 다니는 학생) 자리를 얻어서 지난 예배 2일(월요일, 안식일 교회에서 쓰던 용어로 예배일인 토요일이 기준이 됨)부터 일하고 있습니다.

　월급은 2원 반씩이오. 식구는 여섯이나 집에서 음식 먹는 수효는 넷이 되고 또 조반을 한 여인은 매일 여섯 시 반 후에 먹는 고로 매우 일찍 일어나고 다른 식구들은 일곱 시 반부터 조반을 먹습니다. 점심은 먹는 사람이 별로 없고 저녁은 여섯 시 사십오 분에 시작하여 먹습니다. 인품은 종교를 믿는 집인지 사람들이 단정할 뿐이오. 좋게 할 것도 없고 언짢게 할 것도 없습니다. 빨래는 아니 하고 음식만은 다 시키려 하나이다.

　내가 자는 방은 매우 좋습니다. 내가 이 집에서 일하면서 예배 1일부터 그림을 팔러 다니려고 하나 또 한 가지 생각은 이 집은 방이든지 일이든지 여인이 있음즉 한지라 내가 더 시험하여 보고 정말 좋으면 혜련을 데려다가 대신 있게 할 마음이 있는데 만일 이렇게 하려면 스쿨 보이라고 하면서 학당에는 아니 가고 다른 일을 하면 사귀지 못할까 하니 혜련을 데려올

동안 공부하면서 류(留, 머무름)할 곳을 구할 마음도 있고 또 돈을 한 푼이라도 더 벌고 싶습니다. 혜련의 생각은 어찌하면 좋을까요.

　내가 있는 곳과 장경 씨가 있는 곳은 매우 멉니다. 이곳은 뽈락 동안이 상항보다 반 갑절 혹 두 갑절 더 합니다. 내가 있는 집 근처는 매우 조용하고 학장도 가깝습니다. 지금 처음으로 말 한마디 통할 곳 없는 초간에 있어 보니 정말로 갑갑합니다. 이왕 촌 호텔에서 일할 때에는 행인하고 싸움이라도 하여서 좀 낫더니 이즈음은 정말로 갑갑합니다. 등은 과히 아프지 않고 발목과 무릎팍 뼈가 아프나 과하지 않습니다.

광무 八년 三월 三十一일　안창호 서

3. 1904년 4월 1일

   나의 사랑하는 혜련이여, 그동안 약한 몸이 어떠하십니까, 내가 그저께 보낸 편지는 보았는지요. 혜련이 그동안 편지를 내게 보냈는지 내일에야 편지 있는 곳에 가보겠습니다. 나는 몸이 평안하고 일하는 것은 방도 아니 쓸고 빨래도 아니 하는데 아직 밥방(식사하는 방)도 쓸어보지 못하였습니다. 음식은 한번 나와서 어떻게 하라고 한 후에는 다시 돌아보지 않습니다. 이 집이 음식은 별로 잘 하여 먹지 않으나 그릇은 많이 씁니다.

   아침은 여섯 시에 일을 시작하여 여덟 시 반 넘어야 겨우 끝내고 저녁은 다섯 시부터 시작하여 여덟 시 반이나 혹 넘어야 끝내고 오늘은 6일이나 아무것도 하라는 일이 없기에 내 자의로 주방을 닦고 그릇상 설거지를 했습니다. 내가 자는 방은 좁지도 않고 넓지도 아니하며 전기등에 넓은 유리창이 있습니다. 골방도 있어요. 이왕(여기는) 이 집 딸의 침방입니다. 상항은 이저음 날이 어떠한지. 이곳은 매우 덥습니다. 내일이나 모레 다시 편지하겠습니다.

광무 八년 四월 一일   안창호

4. 1906년 1월 6일

　편지 받아 보니 반갑습니다. 나는 평안하고 뒤숭숭한 일이 있으나 관계치 아니하니 염려하지 마세요. 원길 씨 부인을 모시고 해산원(解産院, 아이를 낳는 곳)으로 갔다 오겠다 하니 그렇게 하면 좋겠습니다. 혜련도 지내어 보았거니와 그 해산원에 가시면 외롭고 적막하여 또 괴로움이 많을 터이오니 그런 사정을 미리 아시게 하세요. 원길 씨 부인께서 본래 담대하셔서 부인으로 원길 씨의 공부를 위하여 돈 한 푼이라도 적게 쓰시려고 그같이 하시는데 내 생각에도 혜련이 감당한 곳에 그 어른이 능히 감당하실 듯하나 매우 미안합니다. 혜련이 가서 해산원 주인보고 미리 말하여 송원숙 씨의 부인이라도 종종 찾아 다니게 하세요.

　송원식 씨의 부인이 전날 행한 일은 내가 모르거니와 미국에 온 후로 행하는 일도 흔히 그런 적막한 곳에 가서 계실 동안에 그런 친구라도 만나는 것이 위로하는데 유익하지 아니하겠습니까? 그대는 생각대로 리 부인과 의론하시오. 리들랜드(Redland)에는 가지 마세요. 형수님께서 그 집 일이 까다롭다 하였기에 집으로 오시라고 내가 말하였습니다. 돈 10원은 다 썼다니 잘 하였습니다. 돈 한 푼 없다가 10원 좋은 돈이 쉽게 없어지리요. 내가 도리어 생각을 미쳐 못하고 편지하였습니다. 내가 가서 위원한테 말하고 외상으로라도 고쳐야 되겠습니다. 로스앤젤리스(Los Angeles)에 갔다 오는데 혼자 가지 말고 용찬이를 데리고 가는 것이 좋고 용찬이가 아니 가려면 보배라도 데리고 가세요. 긴한 부탁하겠습니다. 내가 그저게 산앤노라(Santano) 라는 곳에 갔다가 오늘에야 돌아왔기 때문에 편지를 지금 보내 답장합니다. 쉬이 갈 듯 합니다.

광무 十년 一월 六일　안창호

5. 1906년 7월 28일

송 선생께서 보내신 돈을 어디 요긴히 쓰는지 모르거니와 그 돈으로 형수님의 눈을 고치면 어떠할까 합니다. 나는 주야로 근심하는 것은 그 눈이 병신 될까 하는 것입니다. 불쌍하신 어른이 눈조차 병신 되면 나와 그대의 마음이 얼마나 아프겠습니까. 우리가 빚을 져 가면서라도 그 눈을 먼저 속히 고쳐야 될 듯한데 그대는 생각이 어떠한지요. 그대 뜻도 내 뜻과 같을 터이니 형수님께나마 편지하야 리버사이드(Riverside)로 와서 눈부터 고치게 하세요. 내가 일전에 형수님께 가는 편지를 집으로 전하지 아니하였습니까. 형수님이 제 편지를 못 보아 섭섭하다 하였으니 그 편지 곧 전하세요. 다시 부탁하기는 조심조심 하여 화목하고 열심으로 전에 배운 영어를 익히세요.

광무 十년 七월 二十八일   창호

6. 1906년 8월 2일

궁금해 하지 말라고 두어 자 말씀하오니

평안히 지내는 나를 위하여 조금도 염려하지 마세요. 그대는 항상 평안하고 집안이 화목하기를 주야로 간절히 원합니다. 내가 떠날 날짜는 이후 편지에 말하리라.

Mrs Hey Lun Aun 377 E 8th st, Riverside Cal.

광무 十년 八월 二일 창호 (엽서)

7. 1906년 12월 4일

 나는 일간에 별 탈 없으니 다행이나 집안에서는 외롭고 적막함과 곤고함이 없지 아닐 터인데 섭섭한 중 아주머님의 안질이 더하시다니 민망한 뜻이 간절합니다. 이곳에는 조원두 씨가 먼저 배를 타고 왔고 백신구 씨와 그 부인이 이번 배를 타고 왔는데 내외간 고생한 빛이 얼굴 가득한 그 부인은 입을 옷이 없었습니다. 리 부인 원씨의 부탁하신 바 자전(子錢, 미국 돈)은 사오겠습니다. 혜련에게 있는 돈도 합이 얼마나 되는지 내게 알게 하고 돈을 절용하여 잘 저축하고 일후(후일) 식구 중에 병이 나더라도 수치가 되지 않게 하세요. 아이 사진은 속히 이곳으로 보내세요.

광무 십년 十二월 四일 창호 서(書)

8. 1906년 12월 17일

    집을 떠난 후에 다시는 소식을 듣지 못하니 궁금합니다. 산막골 어머님은 체후(體候, 건강 상태를 높여서 하는 말) 안녕하시며 숙모는 어찌 지내시며 아주머님께서도 어떻게 지내시는지요. 그대가 일전에 나를 대하여 말을 할 때에는 30원 뿐이라 하니 아마도 너무 헤프게 쓴 듯합니다. 또 다시는 오엔(Owen) 씨의 집이나 혹 다른 집에든지 이웃에 다니지 말고 사나이들을 가까이 교섭하지 마세요. 집안 식구들에게 매우 조심하여 서로 위로가 되게 하고 여인들 사이에 시비가 나지 않게 하세요. 나는 이곳에서 보는 일이 많기 때문에 아직 떠날 날짜를 모르겠습니다. 백신구 씨네는 장차 바일민드 이정래 씨가 계신 곳으로 갈 터이오. 그의 어린 아이가 홍역으로 앓으니 걱정입니다.

광무 十년 十二월 十七일   창호

9. 1907년 1월 7일

나는 내일 도릭(Doric)이라 하는 배를 타고 동양으로 가겠습니다.

슬프다. 내가 오늘 수만 리 대양을 다시 건너 고국에 다녀오려고 하는 것은 무슨 좋은 경치를 구경하려 함도 아니오 좋은 친구를 만나서 놀고자 함도 아니라. 오늘 우리나라 민멸(泯滅, 망해서 없어짐)하게 되고 우리 이천만 동포가 멸망하게 되었는데 무엇이든지 내 힘대로는 우리나라와 우리 동포에게 도움이 있게 할까 하여 다님이라. 이 세상에 자기 나라를 위하여 죽는 남자도 많고 또 여자도 없지 아니하니 이때를 당하여 우리가 죽음도 사양치 아니할 터인데 어찌 서로 이별하며 고생하는 것을 한탄하리요.

바라건대 그대와 우리 집 식구 되는 모든 부인들은 마음 가운데 적은 생각을 버리고 나라를 위하여 (일부분 찢어져 나감) 를 간절히 바라나이다. 그리고 어 (일부분 찢어져 나감) 건장하게 기르고 또 아이 (일부분 보이지 않음) 하여 아이의 심성을 상하게 하지 마세요.

광무 십일년 一월 七일

10. 1907년 5월 7일

　걱정입니다. 김필순 매(妹, 손아래 여동생)씨 순애 씨가 그대를 면대(面對, 직접 봄)하지는 못하였으나 사랑하는 뜻은 음(陰, 마음 속)으로 문안한다고 하십니다.

광무 十一년 五월 七일　창호

11. 1907년 5월 20일

그동안 집안이 다 평안한지요. 나는 평안하고 3일 전에 일본 동경에 와 머무르고 있는데 3, 4일 후에는 본국으로 돌아가겠습니다.

광무 十一년 五월 二十일   (엽서)

Mrs. L, H. Aun p.o. bOX 448, Redland, Cal. U.S.A.

미국행 안창호 본집

12. 1907년 5월 25일

그동안 집에 다 평안한지요. 나는 동경 와서 평안히 머무르다가 내일은 본국으로 돌아가겠습니다.

五月 二十五일 창호 (엽서)

    Mrs. L, H. Aun p.o. bOX 448, Redland, Cal. U.S.A.

               미국행 안창호 본집

13. 1907년 6월 3일

  집안이 다 평안한지요. 나는 평안히 서울서 머무르다가 내일은 평양으로 가겠습니다. 집안도 다 평안하다 하옵니다. 제가 서울에 오면 김필순 씨 집에 머무르며 신세를 많이 입고 있으니 아주머님과 혜련은 그 부인한테 감사한 뜻으로 편지나 하시옵소서.

광무 十一년 六월 三일 안창호

14. 1908년

그 동안 보낸 편지는 손실이 없이 다 반가이 보았고 그대가 홀로 어린 것을 데리고 가사에 곤란할 것을 생각하고 애석히 여기나이다. 그사이에 집안 식구가 다 화평한 복락을 누리며 친구들의 정의도 친밀하여 외로운 한탄이나 없는지요.

나는 항상 평안하고 본집 어머님과 동생을 반가이 보았는데 집안이 다 평안하나 본집 적은 계집아이가 죽었고 등개처 집과 성내집이 다 평안합니다. 내가 평양에 가면 매부의 집에 있고 서울에 오면 김필순 씨 댁에서 머무르고 있는데 그 부인과 매씨까지 나를 매우 사랑하여 공대가 극진하니 감사함을 마지 아니 하나이다. 금일은 서울에서만 있습니다.

내가 미국으로 속히 돌아갈 뜻은 간절하나 본 나라 형세는 날로 그릇되는데 자연 볼일이 많고 또 친구들이 만류하여 오래 있다가 가라고 하오니 반년 후에나 갈 듯합니다. 내가 고국에 나왔다가 고국이 망하는 것을 보고 나 혼자 잘 살려고 고국을 버리고 가는 것은 인정에 차마 못 할 일이라. 그러므로 아직은 떠날 수 없으니 그대도 고국을 사랑하는 마음이 응당 있을 터이니 더 기다리지 말고 나의 보는 일이나 잘 되기를 축원하세요. 또 나의 이 육신, 몸을 믿지 말고 내가 혹 나라를 위하다가 위태한 데 들어갈지라도 놀라지 마세요. 장부가 자기 나라를 위하여 일하는 것은 당연히 해야 할 직분이거늘 어찌 그 일신만 돌아보리오. 그대는 사욕만 생각하지 말고 큰 의리를 생각하시기 바랍니다.

15. 1908년

혜련

  그동안은 몸이 평안하고 마음이 과히 괴롭지나 아니한지요. 나는 별일 없고 내역(乃亦, 또한) 처자를 오랫동안 멀리 떠나 있으니 괴로운 심사를 스스로 금하기 어려운 때가 많습니다. 내가 한 주일 전에 서울에 와서 일 보다가 오늘은 평양으로 갑니다. 등개처 복녀는 일전에 강서읍으로 출가하였습니다. 금년으로는 내가 가려고 하며 만일 못 가면 그대가 나오기라도 하여야 되겠습니다. 김 의사 필순 씨 댁과 고씨 집은 평안합니다.

1908 서울에서

16. 1908년 3월

그 동안에 평안한지요. 향자(일전)에 편지하였는데 보았는지요. 집안이 다 평안하고 필립(Philip)도 잘 놀며 행실도 좋은지요. 사진이라도 보았으면 좋겠습니다. 나는 전보다 몸은 편한데 목은 아직도 아주 낫지 아니한 상태입니다. 박고지 집은 평안하고 성대집도 편안한데 아버지는 상창 (아직) 안식일 교회 병원 사무를 보실 듯한데 그같이 되면 매우 좋겠습니다. 나는 평양에 있다가 안주와 정주와 구성을 다녀서 3일 전에 서울로 와서 머무르고 있는데 10여 일 후에는 평양으로 다시 가겠습니다. 참촌네와 외삼촌 댁네와 두성이와 배제 집이 다 평안한지요.

1908년 3월

17. 1908년 7월 27일

 그동안 별고나 없는지요. 나는 평양에서 어제 서울로 와서 머무르고 있는데 일간 다시 가겠습니다. 등지터와 성내와 박고지 새댁 다 평안합니다. 필립을 보고 싶은 생각이 날로 간절하며 집 생각이 때로 나서 마음을 괴롭게 하는군요. 그대는 간호원은 그만두고 음률을 할 수 있는 대로 배우면 좋겠습니다.

四千二百四十一年 七月 二十七日　島山

18. 1908년 8월 14일

그대의 편지를 종종 받아서 위로를 받으나 내가 자주 편지를 아니 하였으니 그대의 마음이 여북[얼마나] 궁금하고 답답하였을까요. 그대가 고적하게 지내는 중에 홀로 살림을 감당하니 또한 곤고함이 어떠하였을까요. 나는 그대를 향하여 미안한 뜻이 그치지 아니하고 또 아이가 명민히 잘 자란다 하니 이것은 그대가 잘 기르고 가르친 연고라 치하함을 마지 아니합니다.

나는 지금 서울에서 머무르고 있는데 몸의 별 큰 병은 없고 본국서 여러 달 동안을 분주히 지내고 친고(親故, 옛날 같이 지내던 분) 교섭이 번다(煩多, 번거로울 정도로 많음)하므로 잠과 음식을 때를 찾지 못하는 때가 많지마는 과히 곤고치 않더니 지금은 여름이 되어서 그런지 몸이 피곤한 중 집 생각이 간절하며 세월이 분분하니 더욱 민망하나 다만 김필순 씨의 부부와 그 집 식구들이 잘 두호(杜護, 보살핌)하고 공궤(供饋, 음식을 바침) 함으로 위로함을 얻습니다. 그대 친정으로 말하면 가세가 전보다 어려우나 별 연고는 없고 극성이는 중학교에 다니다가 일인의 의학교에 다니고 동산마루 고모의 아들 토산이와 또 등지터 작은놈은 다 성내 집에서 기숙하고 소학교에 다니다가 지금은 방학할 때가 되었기 때문에 각각 집에 돌아갔고 박고지 집안에는 별일 없으나 형수님께서 몸이 좀 연약하더군요.

내가 3, 4달 후에는 본국을 떠나 미국으로 가려고 하니 그 때에 반가히 만나 뵙겠습니다. 내가 다시 부탁할 말은 그대가 내 사정을 넉넉히 알뿐더러 생각을 너그럽게 주의함으로 홀로 지내는 것을 원망치 아니하고 지내는 바에 더욱 마음이 평안키를 바라며 사랑하는 형수를 위로하며 숙모와 화목하기를 간절히 원합니다. 본집 식구의 사진을 다하여 가지고 갈 터이니 과히 염려마세요.

八月 十四日 안창호 서

19. 1907-1909년

　혜련, 그동안 몸이 평안하고 마음이 과히 괴롭지나 아니한지요. 나는 별일 없고 내 역시 처자를 오랫동안 멀리 떠나 있으니 괴로운 심사를 스스로 금하기 어려운 때가 많습니다. 등개터 복녀는 일전에 강서읍으로 출가하였습니다. 금년으로는 내가 가려고 하며 만일 못가면 그대가 나오기라도 하여야 되겠습니다. 김의사 필순 씨 댁과 고씨 집은 다 평안합니다.

1908년

20. 1908년 11월 20일

　나는 비록 자주 편지를 하지 아니하나 집안 소식은 알고자 하는 욕심이 간절하던 차에 그대의 편지를 받아 보니 얼마 정도는 위로가 됩니다. 그동안에 그대는 몸도 괴로우려니와 마음이 편치 않고 답답할 때가 많았겠지요.

　지금 시대가 부부간 안락을 누릴 때가 못 되었으니 그대는 생각을 널리 하고 뜻을 활발히 하여 천연한 태도로 지내와 안심하고, 공연히 적은 뜻을 이루지 못한다고 극탄(極嘆, 심히 탄식함)하여 몸과 마음이 고생하는 데에 오래 머물지 않기를 간절히 바랍니다. 이런 말로 권하는 것이 도리어 염치없는 듯하나 그러나 나는 결단코 방탕한 남자가 되어 집을 잊고 아니 돌아가는 자는 아니라. 세상이 다 나를 웃고 처자가 원망하더라도 내가 붙잡은 일을 차마 버릴 수 없습니다. 그런즉 나만 사랑치 않고 나라를 사랑하는 그대는 나를 나라 일 하라고 원방(遠邦, 먼곳)에 보낸 셈으로 치고 스스로 위로받기를 원합니다.

　나의 사랑하는 필립도 잘 있으며 마음의 덕성이 자라고 품행이 아름다운지 한 번 보았으면 하는 생각이 실로 그치지 않습니다. 내가 주관하는 평양 대성학교에 학도가 120명 가량인데 재미가 있습니다. 명년 3월에 일본에 있는 장응진 씨가 졸업하고 본국에 돌아오거든 학교 일을 맡기고 미국으로 가려 하니 명년 여름이나 가을에는 가게 될 듯합니다. 성내 집이 다 평안하고 간단한 것은 한 모양이요. 극성이는 내가 학비를 대어 주어서 측량을 졸업하였습니다. 그러나 그 애는 행실이 아름답지 못하고 아직도 지각이 나지 아니하였습니다.

　나는 지금 서울에 있는데 일간 내려가려고 합니다. 이후에 내게 편지하려거든 평양 대성학교로 편지하세요. 상수구 밖으로 하면 편지마다 먼저 떼어보는 것을 매우 좋아 아니 합니다. 내가 항상 잠은 학교에서 자고 밥은 장대재 누이 집에서 먹습니다. 학교 집은 관찰부 동켠 옆 언덕에 있습니다. 그대도 할 수 있는 대로 짬짬이 공부도 하였으면 매우 좋겠습니다. 내 병은 전보다 좀 낫습니다.

     단기 사천二百四十一년 十一월 二十일 안창호

21. 1908년 12월 30일

　내가 서울에 오면 전과 같이 남문 밖 제중원 김필순 씨 댁에서 자고 먹으며 평양에서는 장대재 누이네 집에서 자고 먹다가 요즈음은 누이네 시외조부가 탈이 나서 내가 있던 방에 누워 계시기 때문에 나는 대성학교에 가서 잡니다. 학교 일은 매우 재미가 있습니다. 그대는 나를 무심한 줄로 생각하지만 나는 실로 무심한 것이 아니라 시세(事勢, 일의 형세)가 어찌할 수 없으므로 속히 (미국에) 들어가지 못하며 또 그대가 나와서는 도리어 더 답답하기만 하기 때문에 오라고 아니 하는데 가을에는 결단코 떠나겠습니다. 한 번 믿어 주세요. 화평 안락함을 길이 축수(祝手, 손모아 빔)합니다.

　　　　　　　　　　　四千二百四十一년 十一월 二十일　안창호

22. 1909년 2월 10일

편지를 받아 보니 반갑습니다. 그동안도 편지 할 때와 같이 다 평안한지요. 나는 별 연고 없고 집안이 다 평안하며 성내 집은 별일 없고 아버지는 안식일 교회 직분을 볼 듯합니다. 내 사흘 전에 서울에 왔는데 내일이나 모레에는 갈 듯합니다. 내가 보는 대성학교 일은 전과 같고 이번 대황제 폐하께서 서도(西道, 평안도)로 순행하실 때에 일본기를 아니 든다고 경무청에서 조금 말이 있었으나 지금은 별 말이 없습니다. 내가 금년에는 결단코 들어갈 터이니 들어가서 매사를 상의합시다. 그대는 몸은 괴로우나 마음이나 과히 괴롭지 않기를 바라고 축수합니다.

(추신) 아주머님께는 몇 날 후에 편지할 터이니 문안하세요.

이월 十일 도산

23. 1909년 4월 15일

　저번 보낸 편지와 사진을 다 반가이 받았고 또 이번 편지도 잘 받아 보았습니다. 나는 별 연고가 없고 박고지 댁과 등개처와 성내 댁이 다 평안한데 아버지는 안식일 교회로 가서 무슨 직분을 맡으셨다 하며 무방녀는 안식일 교회인과 정혼하였는데 인격이 무방녀보다 낫더군요. 복례는 강서읍에 정혼하였습니다. 진성이 이번에 새로 얻은 부인은 매우 좋다고들 하나 나는 보지 못하였습니다.

　그대는 나를 들어오지 말라고 하였으나 나는 금년 가을에는 꼭 들어가려고 하는데 혹 그전에서라도 갈런지 모르겠습니다. 그대는 부지런한 사람인즉 노동하는 여가에라도 공부를 많이 하여서 장차 나를 도와줄 줄로 바랍니다. 염치 없다고는 생각지 마세요.

단군 사천이백삼십이년 사월 十五일 도산

24. 1909년 6월 3일

　김의사의 부인께서 내 옆에 앉았다가 바빠서 편지는 못하고 문안한다고 하십니다. 김의사 매씨 순애가 올에 졸업하는 날이기 때문에 자연 분주합니다.

　나의 사랑하는 필립은 잘 자라며 덕성이 날로 자라는지요. 남들이 아이들 데리고 다니는 것을 보면 필립의 생각이 더욱 납니다. 외삼촌과 아저씨와 그 식구 다 편안한지요.

사천이백사십이년 六月 三日　도산

25. 1909년 9월 14일

  일전에 편지를 보았거니와 본국에 돌아오는 일로 말하면 언제든지 내가 오라고 하는 말이 있기 전에는 결단코 떠나지 마세요. 내가 금년으로 단정코 건너가겠습니다. 아주머님도 결단코 속히 오시지 말고 내가 건너간 후에 좌우간 작정하겠습니다. 무방녀와 삼녀가 다 서울로 공부하러 가려고 하다가 무방녀만 서울 가서 공부하게 하고 삼녀는 평양에서 공부하게 되었습니다. 다시 편지하겠기에 이만.

四二四三 九月 十四日　島山

26. 1909년 12월 16일

혜련 보시오.

그동안에 평안히 지내는지요. 그대는 나로 인하여 과히 염려 말고 공부나 잘 하고 형수님 모시고 아이 데리고 화락(和樂, 화목하고 즐겁게)으로 지내세요. 그대는 나를 의지하지 않고 혼자도 지낼 만한 경력이 있으니 나의 가고 아니 감을 상관 말고 잘 지내세요. 그대나 형수님이 지금 본국에 돌아오더라도 유익함이 조금도 없을 터이니 필립이나 공부를 잘 시켜서 그 애가 장성하여 학식이 넉넉하고 또 형수님과 같이 돈을 많이 벌어서 넉넉하거든 돌아오세요. 만일 지금 돌아오면 후회하게 될 것입니다.

　　　　　　　　　　　　융희 三년 十二월 十六일　안창호 서

27. 1910년 1월 20일

　저간의 고생은 얼마나 하며 애는 얼마나 썼습니까. 나는 어제 방면(放免, 석방)이 되었습니다. 그대는 몸이 고생하는 중에 마음 고생이 더욱 심하였을 터이니 매우 애가 달코 내 스스로 미안한 뜻이 많습니다. 등개쳐와 박고지와 성내 집이 다 평안하고 별 연고 없습니다. 나와 한 때 같이 있던 이종호, 이갑 두 친구도 다 같이 놓이였소이다. 장래 사정은 다시 고하겠습니다. 지금은 아무 생각이 없습니다. 필립이는 잘 노는지요.

1910년 1월 20일　안창호

28. 1910년 4월 29일

긴 말 할 것 없이 여러 날 전에 본국을 떠나서 그저께 청국 영령지 위해위(威海衛)에 왔고 오늘은 청국 지푸(芝罘)로 가는데 그곳에 가서는 북경으로 갈 것입니다.

미국으로 떠날 한정은 해삼위(海蔘衛, 블라디보스토크)까지 가서 친구들을 만난 후에 작정하고 편지하려니와 그 전에라도 편지하겠습니다. 내게 편지하려거든 아라사 해삼위 이정래 씨 계신 처소로 편지하세요.

1910년 四月 二十九, 山

29. 1910년 8월 10일

해삼위로 한 편지는 아직 못 보았고 청도(靑島)로 한 편지는 받아 보았습니다.

내가 벌써 해삼위로 가서 미국으로 곧 가려 하였더니 저간 청국서 볼일이 있어 못하고 또 한 달 전에 상해에서 아라사(俄羅斯) 배를 타고 해삼위로 가다가 그 배는 일본을 들러서 간다고 하기에 재미 없어 중도에 내리고 또 일주일 전에 연태(煙台)에서 배를 타고 떠났다가 청도까지 와서 또 불가불 볼일이 생겨서 다시 내렸고 다섯 날 후에는 청도서 배를 타고 해삼위로 바로 가겠습니다. 나는 해삼위로 가서 곧 미국으로 가려고 작정하였는데 친구들은 속히 가서는 해삼위 일이 안 되겠다고들 만류하고 있습니다. 내 생각에는 미국으로 가서 몸도 조리하며 영어를 공부 좀 하면서 우리 둘이 같이 노동이라도 하여서 살림할 준비를 하여 가지고 다시 동편으로 와서 본국이나 해삼위에서 일하고자 합니다.

그곳 삼촌 양위와 또 외삼촌 댁내가 평안하십니까? 다시 해삼위로 답장하면 받아 보겠습니다. 또 형수께서 상항으로 가셨다는 말이 신문에 있으니 무슨 곡절인지 매우 궁금합니다.

四二四三, 八月 十日 안창호

30. 1910년대

그대의 편지나 한 장 보면 좋겠다 하던 차에 마침 편지를 보내어 보게 하니 반갑습니다. 그대와 집안이 다 평안하다니 감사하고 아주머님께서 외로히 나가 계신 것은 매우 섭섭합니다. 나는 평안하고 송 선생께서도 평안하시는데 그대의 편지를 전하여 감사하다고 하였습니다. 리버사이드(Ririverside)에 일할 자리가 없다니 매우 섭섭합니다.

세상의 사람이 좋은 친구와 좋은 식구와 좋은 이웃이 있어서 서로 위로하는 것이 큰 복이라. 우리나라 부인들은 셋만 모이면 숙덕숙덕 하다가 원수를 짓는 성질이 있으니 가히 위로할 만한 친구나 이웃을 얻기 어려운지라. 그러한데 내가 알기까지는 원길 씨의 모친과 그 부인은 매우 좋은 부인들이요. 항상 화목을 주하는(主하는, 근본으로 삼는) 부인이니 구하기 어렵고 만나기 어려운 분이라.

내가 바라기는 형수님과 원길 씨의 식구와 그대가 항상 한곳에 같이 살면서 서로 기쁨이 있게 되기를 바랍니다. 기만 씨 부인도 매우 좋은 부인인 줄로 생각하니(그대가 성을 낼 만할 말로) 그 몇 분 중에 그대가 혹 실수하여 의가 상할는지 모르거니와 그 부인들은 다 화목할 줄로 아니 내가 간 후에 몇 분 남편들과 의논하거니와 먼저 부인들끼리 같이 의논해서 서로 한 곳에서 살도록 하세요. 나는 본래 집에 많이 아니 있는 사람인데 그대의 이웃이 좋으면 마음의 염려가 적겠습니다.

1910년대

31. 1910년 9월 4일

　나는 한 열흘 전에 이 해삼위까지 평안히 왔습니다. 청도로 보낸 편지와 해삼위로 한 편지를 다 보았습니다. 형수께 편지를 보내지 못한 것은 신문을 본즉 상항으로 가셨다는 말이 있는데 어디 계신지를 몰라서 한 번 상항 회관으로 편지하였습니다. 받아 보셨는지 편지가 없기 때문에 내역이 궁금합니다. 이번에는 동봉하여 보내니 그대가 전하세요. 들어갈 기한을 지금 작정하지 못하겠으나 가기는 확실히 가겠습니다.

　　　　　　　　　　　　　　　　　　四二四三, 九月 四日　창호

Mrs. L.H. Aun, 1532 Pachappa Ave, Riverside, Cal, U.S.A.

32. 1910년 10월 19일

내가 편지를 자주 못하여 그대를 궁금하게 하였으니 미안합니다. 그러나 나는 그대의 편지를 자주 못 보는 것을 염려합니다. 그동안에 집안이 평안하여 숙모와 산막골 어머님께서 평안하시며 또 외삼촌댁과 배학재 집과 기만 씨 집과 임준기 씨 집이 다 평안하며 아이도 잘 노는지요. 나는 평안하고 성내집과 촌집이 다 평안합니다. 그대의 몸이 매우 어려우면 일을 아니하는 것이 좋으니 일하지 말고 또 전정(前程, 앞길) 군간한(窘艱한, 군색하고 고생스러운) 사정이 어떠한지 자세히 편지하세요.

나는 항상 몸이 나라일에 매여서 가사를 돌아보지 못하므로 집안 식구가 오랫동안 헤어져 있는 것도 염려하거니와 내가 스스로 집을 위하여 돈을 벌지 못하므로 장차 아이를 교육할 힘이 없을까 염려합니다. 우리가 한때 세상에 나서 나라를 위하여 고생하고 죽는 것은 조금도 염려할 것 없거니와 하느님이 우리에게 맡기신 어린 자식을 교육하지 못하면 또 직책을 잃음이라. 장차 무슨 재정으로 아이를 가꿀것인가 하고 염려함을 마지 아니하나이다. 하여간 그대는 크게 주의하여 아이 듣는 데는 해로운 말도 말고 어떻게 하면 양심을 잘 기를까? 몸이 강건하여 마음이 유익하고 몸에 리(利)하도록 잘 기르시오. 나는 명년 봄에는 완전히 들어가겠습니다. 모든 친족 친구들과 화목하게 잘하였습니다.

十月 十九日　안창호

33. 1910년 11월 3일

일전에 편지를 반가히 받아 보았습니다. 형수님의 일은 실로 내 허물이니 내 심히 부끄럽고 마음이 상합니다. 그러나 과연 혼인이 되었으면 백년 행복이 있기를 축원합니다. 또 그대는 포도원에 가서 일한다니 듣기에 매우 미안하고 답답합니다. 내가 쿠카몽가(Cucamonga) 정황을 잘 아는 바라. 인가(人家)가 희소(稀小)하고 광막(廣漠, 아득하게 넓음)한 들인데 어떤 곳에서 거처하며 또 아이는 어찌하였는가? 내가 마음이 심히 괴롭습니다. 나의 사랑하는 혜련이여 내가 아무쪼록 속히 가려고 하니 안심하고 기다리세요. 임준기 씨와 아저씨도 어찌 지나는가? 나는 해삼위에 머무르고 있는데 우리나라 사람 허양승 집에서 있습니다. 이곳도 교당에 있기 때문에 매 주일 예배당에 가서 위로를 얻습니다.

建國 四千二百三十三年 十一月 三日　창호

Mrs. Hey Lun Ann, 1532 Pachappa ave, Riverside, Cal, U.S.A.

34. 1911년 2월 2일

　편지를 반가이 보았습니다. 나는 지금 해삼위에 있는데 미국으로 가려고 작정하고 나흘 후에 이곳을 떠나가겠습니다. 그러나 청국 만주 땅을 좀 시찰하여 보고 대강 경영도 있으니 자연 좀 지체되겠고, 또 나는 청국 하얼빈을 지나야 되는데 그곳에 흑사병이 매우 심하니 지나기가 편할는지 모르겠습니다. 금년 여름 안으로 반가히 만날 줄로 생각합니다. 난들 갈 마음이 여북하리요. 태동실업회사에 관한 일은 내가 들어가서 작정할 터이니 기다리세요. 내가 이번 만주를 시찰한 후에 집을 위하여 땅 사는 일을 작정하겠습니다.

　　　　　　　　건국 四千二百三十四年 음력一月 四日　창호 서

35. 1911년 2월 17일

어저께 엽서에 몇 자 적어 보낸 것은 보았는지 이곳에 땅값이 매우 헐하니 여간 사두었으면 큰 이익은 나지 아니하나 장래를 생각하면 한 곳 장만하였으면 든든할 것입니다. 혜련이 돈을 보내면 매우 좋겠습니다. 나는 내가 미국 가려고 하던 여비 중에서 더러 떼어 살 것이니 혜련이 돈을 속히 보내야 내가 속히 돌아갈 수가 있습니다. 땅 사는 것도 지금 사야지 장래에는 살 수 없겠고, 돈은 'Mr. Yun Neung Ho, P.O. BOX 137 Vladivostock, Russia' 라고 한 곳으로 해삼위교당 윤능효 씨라고 써서 부치세요.

김성무 씨가 빌린 토지는 좋기는 좋으나 철로 길에서 매우 머니 나는 원치 않고 내가 지금 본 데는 하얼빈에서 해삼위로 가는 철로변 백리 안인데 땅을 좀 사서 신실한 사람한데 농사에 맡기고 들어가겠습니다. 속속히 보내세요. 나는 이번 들어가면 힘에 맞는 노동을 해가면서 공부를 좀 하려고 합니다. 혜련도 할 수 있는 대로 공부 좀 하면 좋겠습니다.

四二四四, 二月 十七日 안창호

36. 1911년 6월 25일

　나는 미국을 향하여 떠나서 시베리아까지 왔는데 넉넉히 여러 달 후면 반가이 대하겠습니다. 내가 본국에 간 후에 오늘까지 나를 정성되게 시종(侍從, 거드는것)하고 더욱이 옥에 갇혀 있을 때에 고생하면서 시종하던 사람 정영도라 하는 이를 데리고 같이 가겠습니다.

四二四四, 六月 二十五日　안창호

Mrs Hey Lun Ann 1532 Pachappa ave, Riverside, Cal, U.S.A.

37. 1911년 8월 24일

덕국(독일)으로 보낸 편지를 오늘 런던에서 막 떠나려고 짐 건사하다가 받아 보았습니다. 런던에서 배타고 올라가다가는 세월이 없기 때문에 오늘 이곳에 와서 모레 11시에 배를 타고 뉴욕으로 향하여 가겠습니다. 만나서 할 이야기가 얼마나 많아서 미리 통지하세요. 얼마 후에 좀 들어 봅시다.

엽서 3장을 같이 놓고 순서대로 보아야 자세할 것입니다.

四二四四, 八月 二十四일 택

Mrs. G.H. Ann, R.F.D. No 2 Box/a Dinuba. Cal, U.S.A.

38. 1911년 9월 4일

이 배로 왔습니다.

오늘에야 미국에 왔나 봅니다. 어제 저녁 여덟 시에 뉴욕에 상륙하여 여관에서 자고 지금 일어났습니다. 이곳에서 얼마 동안 지체하겠으니 오늘 방을 따로 얻어 보겠습니다.

집안이 같이 보시오. 내일 다시 편지(하겠습니다)

四二四四, 九月 四日 택 (엽서-이 배로 왔습니다)

Mrs. G.H. Ann, R.F.D. No 2 Box/a Dinuba. Cal, U.S.A.

39. 1911년 9월 5일

내 몸은 아라사 땅에서도 매우 상하였다가 덕국(독일)에 와서 좀 낫고 또 이번 대서양을 건너는 동안 매우 나아져서 전날 쇠한 형상이 없어지는 듯합니다.

이 찰스 호텔에서 하루 저녁을 자고 어제부터는 사사집에서 방세를 일일에 두 사람이 6원씩 주고 머무르는데 한 주일 후에야 떠나겠습니다.

九月 五日 宅 (엽서)

Mrs. G.H. Ann, R.F.D. No 2 Box/a Dinuba. Cal, U.S.A.

40. 1912년 1월 24일

안필립 모친

일간 몸이 어떠한지요. 나는 오늘 아침에 상항까지 편히 왔습니다. 여러분이 하와이로 가라고 하오나 자제하는 중입니다. 이곳에서 오래 머물지 않고 스탁턴(Stockton) 등지로 가서 또 다른 곳을 다녀서 집으로 가겠습니다. 상항은 별일 없습니다.

四二四五, 一月 二十四日 택

Mrs Ahn Chang Hae, 1532 Pachappa Ave Riverside, Cal.

41. 1912년 1월 31일

　지금 다섯 시에 상항을 떠나 사크라멘토(Sacramento)로 향하오니 스탁턴과 다뉴바(Danube)와 로스안젤레스(Los Angeles)를 다녀서 5, 6일 후에 집에 갈 듯합니다.

팔월 삼십일일 택

Mrs. C.H. Ahn, 1532 Pachappa Ave Riverside, Cal.

42. 1912년 2월 3일

　사그라멘토에서 그저께 스탁턴으로 와서 이 근처 각 섬의 농장으로 다니니 자연 시간이 많이 허비됩니다. 이곳에 2, 3일을 더 허비하고 다뉴바로 갈 터인데 수은당(Siverdale)과 롬폭을 다녀가면 여러 날이 되겠습니다. 그렇지 않으면 빨리 갈 것 같습니다.

二月 三日 택

　　Mrs. C,H, Ahn, 1532 Pachappa Ave Riverside, Cal.

43. 1912년 2월 3일

안혜련 씨

일간 평안하고 필립이도 잘 있는지요. 나는 산타 바바라(Santa Barbara)를 다녀서 롬폭(Lompoc)에 와서 어제 잤고 내일은 상항으로 가는데 밤에야 내리겠습니다.

안창호 (엽서)

Mrs. C,H, Ahn, 1532 Pachappa Ave Riverside, Cal.

44. 1913년 3월 5일

사진, 책 보내세요.

내가 집을 떠난 지 오래여서 집 생각이 날로 간절하고 돌아가고자 하는 뜻을 겨우 억제하고 있습니다. 내 몸은 큰 병 없이 지내고 숙식은 전과 같이 회관 안에서 하는데 어찌 집만 하겠습니까. 이곳의 노동이 성실하지 못하여 회사돈이 속히 거치지 않고, 가다가 말고 중도에 돌아가면 큰일이 실패하겠기 때문에 자연 지체하고 있습니다. 당신이 얼마나 궁금하겠습니까. 아이들을 잘 가르치세요.

트럭도 팔고 농사도 세 곳이라니까 애썼다니 다행입니다. 나는 지금 농장으로 돌아다니는데 차 시간 때문에 매일 새벽 네 시에 일어나고 저녁에는 두 시쯤 되어야 자니 좀 어렵습니다. 이 조각이 귀중한 것을 송군한테 주세요.

三月 五日 안창호

45. 1910년대

그저께 저녁에 미순이가 모이는 곳에 가려고 새 옷을 입고 나가면서 손수건이 없어서 살 마음은 없고 뒤간(화장실)에 가서 뒤지(화장지와 같은 것)를 좀 뜯어 넣고 나가려 하는데 청인이 편지를 주기로 떼어보니 손수건이 있기에 이상한 일로 생각하였습니다. 그동안에 편지 3장을 받았습니다. 내 목은 아주 나았고 몸은 곤하나 과하지 않고 날마다 조금씩 나아가고 있습니다. 이곳은 일기가 심하게 덥지 아니하고 일자리는 매우 드물기 때문에 청인(淸人, 청나라 사람)도 많이 있습니다. 슬프다. 우리가 오늘 불행 중에 있으니 범사를 뜻대로 하기 란(難, 어렵다)하도다. 그대를 속히 오게 하면 좋을 말이야 다시 없으나 그대가 속히 오게 할 일을 밤낮으로 깊이 생각하니 속히 왔다가 한(恨)이 될는지 모르겠습니다. 천지는 그대가 오면 우리 인정으로 갈 수는

1910년대-낙장

46. 1913년 7월 10일

　편지는 반가이 보았사오며 이성민 씨 집으로 감사하다고 편지하였습니다. 나는 항상 몸이 깨끗지 못하고 이왕에 롱비치(Long Reach)에서 고친 이가 3, 4일간 너무 아파서 의원에 가서 보이고 금 씌웠던 금니를 벗겨내어서 아픈 것이 좀 멎었으나 돈이 자꾸 드니 큰 걱정이오. 그동안에 쓰는 것은 송종익 씨가 주는 것으로 많이 썼나이다.

　나는 이 주일 후에야 집으로 갈 듯합니다. 상항에 남자 4인과 여자 2인이 왔사온데 여자는 김홍균 씨와 결혼한 이와 김병규 씨와 결혼한 이인데다 내가 이왕 알던 사람입니다. 상항에서 혼인하겠다는 편지가 왔습니다. 차정석 씨 말씀은 패사디나(Pasadlna)에 집을 얻고 같이 살자 하옵는데 집세가 매우 많더군요.

四二四六, 七月 十日　안창호

47. 1914년 1월 9일

일간 어떠하십니까? 집에 돈 한 푼도 없는 것을 보고 와서 염려가 많습니다. 나는 오늘까지 업퍼랜드(Upperland)에 있었고 오늘은 리버사이드(Riverside)로 갔다가 주일날에야 병원으로 들어가겠습니다. 준기 씨의 어린아이 옷이 없어서 이왕 죽은 아이 것을 입히는데 변변치 않습니다. 혹 기회가 있거든 옷을 몇 벌 만들어 보내세요. 그 부인은 매우 바쁘더군요.

四二四七, 一月 九日 안창호

48. 1914년 7월 20일

집을 떠난 후로 오늘까지 집소식을 듣지 못하니 궁금합니다. 바쁘더라도 몇 자 적어 보내세요, 아이들의 지롭든(가려움)증이 다 나았는지요. 도 김 부인께서 어떠하신지요. 나는 라성(Los Angeles)을 떠날 때보다 몸이 도리어 좀 나으나 잠을 열두 시 후에 자게 되니 자연 어렵고 일은 밤 시간에 보니 피할 수가 없습니다. 이번 배에 22인이 왔사온데 아직 상륙은 아니 하였고 현승일 씨의 부인이 오셨는데 박고지 사람이라니 반갑습니다. 이곳에서 몇 사람을 문답하여 입단시키고 삭그라멘토로 갈 터인데 예배 2일쯤 떠날 듯합니다. 편지는 사크라멘토로 하세요.

七月 二十日 창호

H.K. Klm 1236 Pst, Sacramento Cal.

49. 1914년 7월 31일

　일간 집이 다 편안한지요. 나는 사크라멘토 근경 벼농장을 다녀 왔습니다. 이곳의 일기가 심히 더운데 밤에 잠을 잘 못 자고 다니고 본즉 몸이 어렵고 음식이 잘 소화되지 아니합니다. 이곳에서 볼일을 다 본 후에 상항으로 들어가서 몇 날을 쉰 후에 서니 베일(Sunny Vale)과 놈폭(Lompoc)을 다녀가겠습니다.

　　　　　　　　　　　　　　四二四七, 七月 三十日　안창호

50. 1914년 8월 15일

 삭도(Sacramento)로 보낸 편지 석 장을 어제 다 자세히 보았고 위로를 많이 받았습니다. 나는 오늘 벼농장으로 가다가 중도에서 차를 바꾸어 타려고 기다리는 동안에 두어 자로 편지합니다. 보낸 연꽃을 받고 감사하며 옛날 평양 장대재에서 혜련이 보낸 오렌지꽃을 받던 감상이 더욱 나며 나는 그 꽃보다 그 보낸 마음을 사랑하여 그것을 품에 두었습니다. 신 부인한테서 아무 소식이 없으니 아니 갈 듯합니다.

팔월 십오일 창호

51. 1915년 8월 24일

삭도에서 편지를 받아 보았습니다. 나는 그저께 다뉴바까지 왔는데 속히 가고 싶은 뜻이 많으나 일을 좀 보고 가야 되겠으니 여러 날 지체가 되겠습니다. 아이들을 심히 보고 싶어서 좀 괴롭습니다.

추신 : 옥성과 영호도 잘 있습니다.

八月 二十四日　창호

Mrs. C,H, Ahn 106 n. Figueroa st. Los Angeles Calf. U.S.A.
안혜련 씨

52. 1917년 7월 29일

　편지를 잘 보았고 집안이 다 편안하다니 기쁩니다. 나는 집 생각이 날로 많이 일어나며 몸은 다시 괴롭습니다. 예배 2일(월요일) 후에야 삭도로 가겠습니다. 이번에 이곳에 단우(團友, 흥사단 단우)될 다섯 분이고 차 부인은 오늘 떠난다고 하더군요.

　　　　　　　　　　四二五十년 七월 二十九日　　창호

53. 8월 7일

　일간에 몸이 평안하여 아이들도 잘 노는지요. 사크라멘토로 편지를 보내면 받아 볼 수 있습니다. 연꽃이 피었는지요. 그 꽃이 피었다가는 속히 떨어지는데 나는 그 꽃이 없어지기 전에 돌아가고자 하는데 어찌 되는지 작량(酌量, 짐작하여 헤아림)하기 어렵습니다.

　내가 사크라멘토와 스탁턴과 만트가를 다니여 오늘은 투레시 신달윤 군 집에 와서 머물고 오늘도 다시 삭도로 가서 근경 벼농장에 다니며 다시 삭도로 왔다가 상항으로 가서 묵국(Mexico)에 갈 여행권을 얻어 가지고 다뉴바를 다녀서 집으로 가겠습니다. 벼농장이 여러 곳으로 나뉘어 있기 때문에 그곳에서 시간이 많이 허비되겠습니다.

　나는 이갑 선생이 세상을 떠나신 서식을 들은 후에는 자연 마음이 편치 못하여 괴롭습니다. 당신이 고생하여 번 돈을 보내던 일을 아울러 생각합니다. 이 선생의 조카 따님 신선희는 몸이 매우 약하여져서 금년에 십여 파운드가 줄었는데 겸하여 정월에 해산도 할 듯합니다. 지금 있는 곳은 풀방 한 옆이라 아이를 데리고 창피하게 지내니 보기에 딱합니다. 이번에 내가 나가는 길에 데리고 나가서 우리 집 옆에 아파트먼트를 얻어 있다가 정월 해산 때에는 당신이 돌아보게 하면 좋겠는지라. 당신의 마음도 나와 같을 줄 압니다마는 먼저 묻나니 어찌하면 좋을런 지 대답하여 주세요.

　지금까지 회사의 고본(여러 사람이 공동하여 사업을 경영할 때에 각각 내는 주식) 모은 것이 5천여 원인즉 우리 회사 자본이 9천여 원에 달하였습니다.

八月 七日 창호

54. 1917년 10월 12일

　나는 지금 떠나려고 배에 올라왔습니다. 내 마음으로는 이번에 집을 떠나는 것이 이만큼 섭섭한 것을 생각한즉 당신은 매우 고민할 줄로 생각합니다. 스웨터(Sweater)는 짐만 되니 도로 보냅니다. 겨울에 당신이나 입고 고생하세요.

　상항 단우 한명선 씨가 반장 최덕 군한테 동맹저금 8원을 등기 편지로 보냈는데 최군은 받지 못하였다 하니 아마 내가 싸인하고 받아서 잊고 전하지 않은 듯하나 낡은 저고리 바지와 다른 데 다 찾아서 있거든 최군한테 보내면서 송군이 두 사람에게 설명하여 편지하게 하세요.

十月 十二日　창호

Mrs C,H, Ahn 106 n, Figueroa st. Los Angeles Calif. U.S.A,

55. 1917년 10월 17일

그간에 평안히 지내며 아이들도 다 잘 있습니까? 또 필립이가 잘 다니는지 항상 마음이 놓이지 않습니다. 나는 지금 멕시코 항구 마사틀낸드(Mazatlan)라는 곳에 왔습니다. 이곳에서 6시간을 지체하여 떠나서 3일을 더 가야 내가 내릴 곳에 내릴 것입니다. 일기가 매우 좋기 때문에 평안히 왔고 아직은 조금도 덥지 않고 오버코트 생각이 납니다. 사촌누이한테 부칠 것을 못 부치고 왔습니다. 지금 편지를 써서 보내오니 송군한테 말씀하여 10원을 부치세요.

나는 그 가려움증이 낫지 아니함으로 상항에 와서 약질하였더니 약내음새가 옷에 배어서 남에게 내음새를 피우노니 안되었습니다. 이즈음은 매일 해수욕을 하니 좀 나아가는 듯 합니다. 집안 소식과 동네 형편을 자주 알게 하세요.

十月 十七日 창호

Mrs C,H, Ahn 106 n, Figueroa st. Los Angeles Cal. U.S.A,

56. 1917년 10월 20일

  일전에 보낸 편지는 보았으며 그동안에 아이들을 데리고 평안한지요? 나는 오늘에 만사니오(Manzannillo)라는 항구에 내렸습니다. 일전에 편지를 부친 후로 오늘까지는 꽤 더워서 매우 괴롭습니다. 이보다 차츰 더 덥다 하니 얼마나 더울런지오. 몸 괴롭던 것은 날마다 해수욕함으로 좀 낫습니다.

十月 二十日 창호

Mrs C,H, Ahn 106 n, Figueroa st. Los Angeles Cal. U.S.A,

57. 1917년 12월 11일

    내가 오랫동안 편지를 아니 하였음으로 매우 궁금하였겠습니다. 그동안 집안이 다 어떠한지 편지를 자주 주세요. 나는 묵경(Mexico city)에서부터 몸이 아플뿐더러 정신을 차릴 수 없으므로 민망히 지내며 부득이 몇 곳 동포를 찾아보는데 고생을 많이 하였습니다. 이 메리다(Merida)에 지난달 28일에 와서 치료를 좀 더 하였는데 다른 곳보다 기후도 좋고 회관 안에 한방을 차지하여 거처도 편하고 식사도 합하여(입에 맞아서) 몸이 좀 낫고 경영하는 일은 아직 잘 되어서 회사로 자본금 모은 것이 벌써 묵국(멕시코) 돈 만여 원 되었습니다. 오늘부터 농장을 돌아보려고 오후 4시에 떠납니다.

十二月 十一日 창호

58. 1918년 1월 24일

　보낸 편지를 반가이 보았습니다. 맹정희 씨가 돈 20원을 보내셨다 하오니 감사하고 당신이 그 돈으로 옷이나 살까 한다고 쓴 글자를 볼 때에 내 마음은 자연 괴롭습니다. 당신은 항상 옷 한 가지, 신 한 켤레 갖거나 때 찾아 입지 못하고 지내 온 정형을 생각하니 참 미안합니다. 지금은 얼마나 추운지요. 이곳은 아직 별로 덥지 아니하여 지내기가 편합니다.

　나는 저간(這間, 요즈음)에 치질 기운이 있던 것도 나았고 모기와 벌레한테 물려 발목과 발등을 한 달 넘어남아 부스럼이 있던 것도 나았습니다. 나의 처소는 회관(대한인국민회) 안 방 하나를 차지하였고 밥은 회관 안에서 학교 식당 주인 방경일 씨라는 노인 내외가 하여 주는데 정성을 매우 써서 하여 주나 내 식성과는 좀 반대가 늘 됩니다.

　이곳에서 처와 첩 한 사람을 재판하여 하나만 데리고 살게 하였더니 마음으로는 매우 싫으나 그대로 실행하고 있습니다. 이곳에서는 수산이만 한 계집아이들를 약혼시키고 11, 12세에 성례하는 것이 큰 풍속이 된지라 이것을 금하니 어떤 신랑의 부모와 동생들은 여러 번 와서 이왕에 약혼하여 둔 것을 금년에 성례만 하게 하여 달라고 졸라서 거절하였더니 어떤 늙은 부인은 대성통곡을 하더군요. 16세 이상이어야 시집을 갈 수 있다는 새 법을 정하였습니다.

　회사에 돈을 내겠다고 허락한 것은 미화 2만 4천 원입니다. 이 주식금을 4월까지 필납(必納)하기로 한정하였으니 나는 자연 4월 전에는 이곳을 떠나지 못하겠습니다.

　집 생각이 때로 간절합니다. 집안 식구들이 박힌 사진 두 장만 보내세요. 하나는 선사하고 하나는 두고 보려고 합니다. 필립과 필선이가 보낸 편지도 받아 보았습니다. 이곳은 각종 물가가 있사온데 실과로 말하면 배 한 개에 50전 묵국 돈 80전 혹 1원이오. 능금 한 개에 50전 호도 네 알에 10전이고 사탕은 한 근에 2원이오니 보아도 거짓말 같습니다. 떡 로을 한 개에 10전 씩이니 먹기도 끔찍합니다. 지금 미국 물가는 내가 떠난 후에 얼마나 변하였습니까? 집에 있는 티(tea) 중에 그 중 맛이 좋은 것으로 보내세요. 이곳은 값도 비싸려니와 맛이 없습니다.

　　　　　　　　　　　　　　　　四二五一년 一월 二十四일 　창호

59. 1918년 3월 14일

편지를 반가이 보았고 차와 사진 두 장을 다 잘 받았습니다. 당신의 마음이 좀 편하고 신체가 건강하여 10근이나 더 늘어 나셨다 하오니 내 평생에 크게 기뻐하는 바입니다. 내가 집에 있을 때에는 이따금 말로나 행동으로 당신을 불편케 하는 일이 종종 있으나 나의 중심에는 당신이 일생 편안치 못하게 오는 것을 한하고 애석히 여기는 바이라 그간은 조금이라도 편하다니 크게 위로가 됩니다. 나는 몸이 혹 편하매 혹 불편하고 오른쪽 윗 어금니를 마저 뽑았고 왼쪽으로 음식을 씹는데 윗 어금니 하나만 남은 것이 있다고 괴롭습니다. 어제부터 식사하는 처소는 옮겼습니다. 집에 아이들을 매우 보고 싶고 지금 같아서는 돌아간 후에 아이들에게 책망 한 마디를 아니할 것 같습니다.

성경과 찬송가를 합부한 책 한 권을 보내세요. 문영운이 보던 책이 집에 있을 것입니다. 또 찬송가만 따로 한 권 보내세요.

四二五一年 三月 十四日 창호

Mrs. C,H, Ahn 106 n. Figueroa st. Los Angeles Calf. U.S.A.
안혜련 씨

60. 1918년 4월 20일

   나의 사랑하는 혜련에게

  그동안에 평안하며 아이들도 다 잘 자라고 있습니까. 나도 돌아갈 뜻이 간절한데 마음대로 되지 아니하여 좀 클클하거니와(뭔가 개운치 않거니와) 나를 오랫동안 기다리는 당신을 위하여 더욱 불안합니다. 이같이 늦어짐은 합자(合資)하는 것을 한 2만 원 모아서 기초를 세우고 떠나려 하는데, 오늘까지 묵화(멕시코 화폐)로 1만 9천 원이 되었으나 2만 원이 넘어야 떠나려고 합니다. 이곳에 환불하도록 교환소에 청원하였는데 아직 여비도 환불이 안 되어 다음 배를 5월 9일에나 기다려야만 합니다.

                                      四二五一년 四월 二十일 창호

61. 1918년 4월 23일

　편지를 반가이 보았고 아이들의 사진을 다 잘 보았사옵고 집 생각이 일층 더 나옵니다. 아이들 사진이 다 있는데 필립의 사진이 없으니 섭섭합니다. 필립은 그 사이에 더 커졌겠지요. 내가 저간 주식금 거둔 것이 1만 7천여 원인데 2만 원은 채우고 떠나기 위하여 여지껏 머무는데 이달 그믐과 내달 초순에는 그 수효가 될 듯하온데 5월 초 9일을 지나서 배편이 있는대로 떠날 터이니 자연 5월 20일께 떠나게 되겠습니다.

　지금은 음식 먹는 처소를 옮겼으므로 전보다 매우 편리합니다. 나는 저번에 이를 하나 뽑은 후에 또 다른 이들이 늘 아프고 겸하여 두통이 일어나므로 무엇을 생각하거나 책을 보거나 더 아프기 때문에 더 못하겠습니다. 지금은 약질(약을 먹어서)하여 좀 낫고 이따금 쑵니다. 이러므로 먹기도 성가십니다. 어떤 날은 집 생각이 너무 일어나서 클클하여 곧 떠나고 싶었습니다.

　이곳에는 물건값은 그냥 비싸고 어저귀실(白麻)은 잘 팔리지 아니하므로 돈이 귀하여 백성들이 살기 어려워서 종종 난리를 일으켜 서로 싸우는데 북방은 혁명이 좀 성하여 사람들이 내왕하기 어렵다고 합니다. 내가 떠나더라도 북방에 혁명이 그냥 성하면 속히 가지 못 할까 합니다. 이즈음은 필선이가 국문을 좀 배우는지요? 매일 15분 동안씩 두 번씩 가르쳐 보기를 시험하여 보세요. 이곳에는 일기가 덥고 모기가 많습니다. 그러나 과하지 아니하니 꽤 견딜 수 있습니다. 망고라는 실과가 많이 나는데 맛이 좋습니다.

　　　　　　　　　　　　　　四二五一년　四월　二十三일　창호

62. 1918년 4월 30일

 일전에 보낸 편지를 보았는지요. 나는 전과 같고 치통은 하루 혹 이틀 건너로 아픕니다. 나가 모집하는 주식금은 오늘까지 묵화로 1만 8천여 원이 되었으니 떠나기 전에 한 2만여 원은 되겠습니다. 내가 5월 보름에 이곳을 떠나겠습니다. 이왕 필립한테 보낸 사진을 보았을 듯합니다. 이곳 친구들이 사진을 찍자고 하여 먼저 번에 찍었는데 그것은 다 없어졌고 다시 앉아 박힌 것을 원한다고 하여 두 번째 찍었습니다. 이것도 없어지기 전에 당신한테 먼저 한 장 보냅니다.

 나는 이즈음 한 나흘 동안 이 나라 야학교에 가서 이 나라 말을 좀 배우는데 수히 떠날 터이니 입학하자 퇴학하게 되겠습니다. 어서 속히 집에 돌아가서 아이들을 보고 싶습니다. 또 이를 고치고 싶습니다. 그러나 집에 간 후에도 집에 있지 못하고 또 돌아다녀야 되겠으니 이를 고칠는지 미리부터 걱정스럽습니다.

四二五一년 四월 三十일 　창호

63. 1918년 5월 11일

　나의 사랑하는 혜련, 그동안에 평안하며 아이들도 다 잘 자라고 있습니까. 나는 전과 같고 치통은 그냥 멎지 아니하여 좀 괴롭고 이도 더 상했기 때문에 장차 고치더라도 힘이 많이 들겠습니다. 내가 이달 보름에 떠나서 집으로 가려고 하였더니 그때에 못가게 되고 이달 29일에야 떠나겠습니다. 나도 돌아갈 뜻이 간절한데 마음대로 되지 아니하니 좀 클클하거니와 나를 오래 동안 기다리는 당신을 위하여 더욱 불안합니다.

　합하려고 하던 것을 한 2만 원이나 모아서 기초를 세우고 떠나려고 하는데 지금에 1만 9천 원이 되었으니 2만 원을 넘기고야 떠나려고 함이요 또 이곳에 돈을 환 부치고(외국으로 송금하고) 교환소(환전소)에 환(換, 환전)하기로 청원하였는데 아직도 환하여 주지 아니하니 이 모은 돈을 환하여 부치지 않고 떠나기도 미안하고 우선 여비도 환하지 못하였으니 보름 배에 갈 수가 없고 보름 배를 지나서 그다음 배를 타려 한 즉 그 배는 이달 29일에 떠난다고 하는군요.

　오 나의 사랑인 혜련, 당신의 평생에 몸고생도 많았거니와 몸고생보다 마음고생하여 온 것을 생각하니 나는 어떻다고 말할 수 없습니다. 지금은 아이들이 여럿이니 좀 나을 터이지마는 이왕에 나를 멀리 두고 오래 동안 기다리고 애쓰던 마음 얼마나 고생하였을까요, 내 평생에 당신과 더불어 같이 있기는 비로소 근래 수년뿐이니 그나마 시간은 다 당신의 고생한 시간이라 하겠습니다. 나는 멀리 나와서 집생각이 간절한 가운데 그대의 은혜와 그대의 고생을 아울러 생각함을 멈출 수 없습니다. 당신은 내게 충성과 사랑을 다하여 왔는데 나는 당신을 사랑하고 도움을 드리는 것이 당신의 하는 것만큼의 만분에 일도 따를 수 없는 것 같습니다. 내 당신을 정성껏 위로하여 은혜를 보답코자 하나 행함은 항상 등한하여 그러지 못합니다.

 이즈음도 내 생각에는 이번에는 집에 돌아가서 부부답게 서로 정다운 의론도 많이 하고 가정의 낙을 많게 하겠다 합니다. 그러나 막상 돌아가서는 삐죽하고 앉아서 당신의 부화나 아니 돋울는지 모르겠습니다. 우리가 소년 시대에는 맛없이 살아왔거니와 늙어가면서 가정의 낙을 새로 지어 봅시다.

四二五一년 五월 十一일 창호

64. 1918년 6월 22일

오래 동안 집안 소식을 듣지 못하니 참 궁금합니다. 나는 묵경까지 왔소이다. 미국 정부에서 새로 법령을 반포하기를 묵국에서 미국으로 가려 하면 미국인이나 외국인을 물론 하고 묵국에 있는 미국영사한테 인가지를 얻어 가지고야 들어가는데 내가 이곳 미국영사한테 가서 말한 즉 처음에는 아니 들여 준다고 하다가 다 들여 줄 터이니 12일을 기다리라 하더니 다시 청하여 말하기를 일본영사의 여행권이 없이는 하여 줄 수 없다 하니 혹 달리 변통이 생길는지 모르거니와 지금 같아서는 전쟁이 끝나기 전에는 미주로 못가게 될 듯하니 참으로 답답합니다. 더욱이 당신이 실망할 것을 생각하니 아니 되었습니다. 묵경에 있는 동포들이 찍자고 하여 사진을 찍었기로 보내오니 보세요. 먼저 보낸 사진은 다 남들이 가져갔습니다. 다시 집안 식구가 다 사진이나 한 장 찍어서 보내 주세요.

(추신) 편지는 묵경으로 보내세요. 다른 곳에 가더라도 받을 수 있습니다. 편지를 매우 기다리겠습니다.

四二五一년 六월 二十二일　창호

65. 1918년 7월 6일

   나의 사랑하는 아내여. 저간에 나를 얼마나 기다리었습니까? 나는 속히 당신이 지어주는 밥을 먹고 싶은 생각이 간절합니다. 내가 지금 과들라하라(Guadalahara)라고 하는 곳에 와서 이곳 미국 영사한테 말한즉 미국 영사의 인준장이 없어도 들어갈 수 있다 하기에 그 와중에 편지를 하나 얻었습니다. 어쩌면 무사히 집에 돌아갈 듯합니다. 내가 내일 떠나서 골나마와 만산니요(Manzanillio)를 지나 마사틀낸드(Mazatlan)로 가겠습니다. 그곳에서 몇 곳 토지 형평을 살펴본 후에 노갈레스(Nogales)로 말을 물어서 집에 돌아가겠습니다.

                                                             四二五一년 七월 六일   안창호

66. 1918년 8월 9일

먼저 달 31일에 한 편지를 이달 3일에 받아 보았습니다. 송 군한테서 돈 부쳤다는 편지는 보았으나 돈은 아직 오직 오지 아니하였는데 우편국에서 말하기를 노스안젤레스에서 부친 돈이 이곳으로 바로 오지 않고 멕시코 서울로 갔다가 이곳으로 온다 하니 어느 날이나 받을 것인지 참 갑갑합니다. 이번 길에 묵경(Mexico City)에서는 메리다(Merida)에서 보낼 돈을 기다리노라고 마사틀낸드에서는 묵경에서 올 돈을 기다리노라고 이곳에서는 로스안젤레스에서 돈 오기를 기다리노라고 공연히 시간을 허비한 것이 한 달이 넘었으니 따라서 재정의 손해도 불소합니다. 돈이 온 후에 로스안젤레스에 가서 몇 날 시간이 허비될는지 좀 답답합니다. 당신은 편지나 또 한 번 하여 주세요.

四二五一년 八월 九일 안창호

67. 1918년 8월 26일

　단소(團所)로 한 편지를 들어서 내가 이달 20일에 노갈리스까지 온 줄은 알았을 것입니다. 내가 미국영사한테는 허락을 받았는데 이민국에서는 엘파소(Elpaso) 이민국에 알아보아서 말한다고 하여 오늘 갔더니 아직 답장이 아니 왔다고 내일 다시 오라고 합니다. 나는 날이 더울 때에 발가락 사이가 무디어지기로 푸락사이(Proxy)에 가서 자주 씻었으나 한낮에 그것이 진즙이 나서 종기가 되어 곪았든 고로 의원을 뵈었더니 포이슨(Poison, 독)이 들었다 하는지라 한 주일 동안 치료하는데 아직도 다 낫지 않고 밤이면 더 쏘나이다. 의원비와 약값이 벌써 15원 가량 되었습니다. 우스운 데 돈이 다 없어지고 있습니다.

　　　　　　　　　　　　　　四二五一년 八월 二十六일　안창호

　　　　　　　　Apartads 343 Merida yutatan Mexico에서

　Mrs. C,H, Ahn 106 n. Figueroa st. Los Angeles Calf. U.S.A.

　　　　　　　　　　　　　　　　　　　　　　안혜련 씨)

68. 1918년 10월 17일

편지를 반가이 보았습니다. 내가 감기로 수일 누웠다가 일어났고 아직 목만 거북합니다. 이가 좋지 못하여 음식을 잘 씹지 못하니 소화가 잘 아니 되었습니다. 속히 돌아가서 이를 고치려고 합니다. 삼촌은 벌써 (일어)나서 농장으로 가셨습니다. 나는 이곳에서 볼 것을 대강 보고 잠간 벼농장에 다녀서 하루라도 속히 집으로 돌아가려고 하나 아직도 마구 출입하지 못하므로 곧 떠나지 않는데 예배일은 떠나기로 생각합니다. 오늘 뚜르를 찾아 보았는데 일년 동안에도 매우 늙었더군요. 아이들 목욕을 자주 하게 하세요.

10월 17일 안창호

十月 十七일 안창호

Mrs. C,H, Ahn 106 n. Figueroa st. Los Angeles Calf. U.S.A.
안부인

69. 1918년 11월 24일

　나는 송맹(宋孟) 양군으로부터 그저께 험한 산을 무사히 넘어서 백건슬펠까지 평안히 도착하여 그날 저녁은 7시 반에 산다피 차를 타고 어제 아침 7시 반에 상항에 왔습니다. 최부인 집은 다 평안하고 그 모친은 아직도 촌에서 돌아오지 아니하였습니다. 황사선 부인은 나아스나 몸이 아직 약한 모양이고 황군과 리건영 군은 그로서리(야채가게)를 시작하였습니다. 잠옷 저고리가 왜그리 적어요. 잘 때에 기어 올라감으로 등에는 잠옷이 없습니다.

　　　　　　　　　　　　　　十一月 二十四日　안창호 (엽서)

70. 1918년 12월 22일

  나는 오늘 오후 1점(시) 50분에 삭도(Sacramento)까지 평안히 왔고 오늘 저녁 7점 차로 상항에 들어가겠습니다. 수산이가 머리가 덥더니 어떠합니까. 상항으로 알게 하세요. 김홍균 부인은 깨끗하더군요. 이 아이는 사나이요, 어린이로 보기 좋더군요. 이곳 대회로 모일 집은 매우 좋은 것을 얻었습니다.

四二五一년 十二월 二十二일 　안창호

71. 1919년 1월 6일

나는 지금 상항에서 편히 머무르고 있습니다. 국민회 일로 그저께 모여 의논하다가 끝이 아니 나서 오늘 다시 모이오니 오늘은 끝이 날 듯합니다. 문서를 정리한 후에야 갈 터이오니 내일은 떠날 수 없고 몇 날 지체되겠습니다. 집안 아이들은 다 어떠합니까? 필립과 필선의 편지를 보았습니다. 필선이 놈에게 총을 사게 하여 두세요.

1919년 1월 6일 창호

72. 1919년 4월 9일

나의 사랑하는 혜련, 아이들 데리고 평안히 지내셨습니까? 나는 정환량 군으로 편안히 와서 오늘에 호놀룰루에 미쳤습니다. 당신께 고할 말씀은 이번에 나는 당신을 작별하기 매우 어려웠습니다. 그러나 나라의 일을 위하여 피할 수 없는 일이 되었습니다. 당신 네 아이를 기르고 가르치는 것이 큰 짐이 될 줄은 알며 또 부인회 일을 보는 것으로 즐거워할 줄로 압니다. 나는 국민회의 일을 맡았고 당신은 부인회의 회장으로 있으니 우리의 짐이 더욱 무겁고 우리 동포에게 빚진 것이 많습니다.

덕이 많으신 당신은 여러 여자에게 모범되도록 힘쓸 줄을 믿습니다.

四二五二年 四月 九日　安昌浩

Mrs. C,H, Ahn 106 n. Figueroa st. Los Angeles Calf. U.S.A.

73. 1920년 2월 23일

　나의 사랑 혜련, 우리가 서로 작별한 지가 달이 지나고 지나서 이제는 해가 지났습니다. 나는 바쁜 것만 생각하고 도무지 편지하지 아니하므로 큰 빚을 진 듯이 괴로웠습니다. 그런데 해가 지나고 보니 더욱 미안하여 큰 죄를 진듯이 고통이 됩니다. 나를 충성으로 사랑하고 나를 깊이 생각하는 당신의 뜻을 위로는 못하고 도리어 괴롭게만 함을 생각하니 스스로 무정함을 책망하고 있습니다. 당신은 너그러이 생각하여 용서하세요.

　지금 몸은 어떠하며 아이들은 어떠하십니까? 지난 겨울에 과히 춥지 아니하였습니까? 지금 그곳도 부인들이 전과 같이 나라를 위하여 성충(誠忠, 충성)을 다하여 합심 총력하는지요? 내가 비록 편지는 하지 아니하였으나 날로 당신을 생각하고 아이들 보고 싶은 마음을 그치지 아니합니다. 로스안젤레스에 있는 모든 것이 다 눈에 어른 거립니다. 식구들의 사진이라도 보내 주세요.

　나는 능력 없는 사람으로 한동안은 큰 일을 혼자 맡아 가지고 하였고 여러분이 모인 후에는 좀 나을까 하였더니 다시 복잡하여 분주함이 일반입니다. 내 평생에 처음으로 어려움을 당하였습니다. 이곳 모든 형편은 잘 진위(鎭慰, 진정시켜 위로함)하여 왔습니다. 그러나 앞길이 어려울까 합니다. 본국 동포들이 열심을 전과 같이 하니 우리 조카딸 맥결이도 독립운동하다 20일 동안이나 갇히어 고생과 욕을 많이 보았다고 합니다. 강서댁에서는 흉년으로 큰 곤란에 빠졌다가 김창세와 내가 합하여 돈 100원과 아이들의 의복감을 사서 보냈습니다. 내가 병원에서 있다가 경비가 너무 많이 들기 때문에 집을 잡고 밥은 한국 사람 집에 12원씩 주고 부쳐 먹습니다.

평안북도 강계군 사람 유상규라 하는 23세 된 청년이 이왕 영도와 같이 나를 극진히 도와줌으로 다행입니다. 두 주일 전에 내가 심히 아파 일을 할 수가 없어서 병원에 들어가 치료하였더니 지금은 좀 나음으로 다시 일을 하고 있습니다. 김창세 군 집안이 다 평안하고 그 내외가 나를 극진히 위로하여 줌으로 위로가 많이 되고 있습니다. 당신은 평생에 나를 멀리 보내 정신상 고생을 많이 받아 오던 사이 이번에는 특별히 국가와 민족의 큰일을 위하여 오해받게 되었으니 당신은 국사를 위하여 스스로 위로하세요.

바쁜 가운데 되는 대로 써서 보내오니 편지를 자주 주고 사진을 보내어 주세요.

민국 二년 二월 二十三일 창호

Mrs. C,H, Ahn 106 n. Figueroa st. Los Angeles Calf. U.S.A.
안부인

74. 1920년 4월 22일

　나의 사랑하는 혜련, 나는 오늘 좀 짬(시간)이 있기에 혜련한테 편지를 쓰려고 붓을 듭니다. 평시에도 당신에게 향하여 생각이 많았지만 붓을 드는 이 시간에 생각이 더욱 많습니다. 나를 사랑하고 내게 충성을 다하는 내 혜련한테 나는 멀리 와서 편지까지 자주 하지 아니하여 혜련의 마음을 위로는 고사하고 도리어 괴롭게 하니 참 아니 되었다 하여 엽서라도 자주 해야 되겠다고 생각합니다. 혜련이 여러 달 동안 편지를 끊고 김창세 군한테까지 아니 하니 매우 민망합니다. 몸이 편치 아니한가? 편치 아니한들 그같이 오래 편지 아니할까? 나는 편지를 아니하나 혜련이야 어찌 그럴 수가 있을까 합니다.

　나의 사랑하는 필립, 필선, 수산, 수라가 매우 보고 싶습니다. 이것들이 다 잘 있습니까? 어떤 때에는 다 데려와도 되겠다는 생각까지 불일 듯하나 사정이 그렇지 못하다고 참습니다. 내가 당신을 멀리 떠나는 것은 나 한 몸의 무엇을 위함이 아니요, 오직 국가와 민족의 관계임을 당신은 잘 아는 바니 당신은 네 아이를 데리고 스스로 위로하여 지내세요. 나는 달 반 전에 몸이 편치 아니하여 홍십자 병원에서 치료를 받다가 지금은 나았습니다. 병은 신체가 쇠약하고 뇌력이 약하여 일하기가 어려웠습니다. 지금은 많이 나았습니다.

　나는 필립의 이모 신실에게 극진한 사랑을 받고 있습니다. 신실은 천성이 간사하고 꾸미는 것은 모르고 다만 근본 생긴 대로 이름같이 신실하고 충성됩니다. 꾀라고는 너무도 없습니다. 그러한 이가 나를 아버지 이상으로 믿고 사랑합니다. 신실의 사랑을 받으므로 위로도 되고 편하여 혜련의 생각이 자꾸 납니다. 김 의사 창세 군은 흥사단에 입단하였고 나를 극히 위하고 보호하고 있습니다. 신실은 완고하여 집을 잘 다스릴 줄 모르다가 흥사단 단우회에 가서 개량에 관한 강연과 내 권면을 듣고는 정성을 다하여 집안 살림하는 제도와 규모를 고치고 집과 모든 것을 정결하게 합니다. 나도 기쁘거니와 창세 군이 대단히 기뻐 뛰고 있습니다. 신실이가 내 말을 당신보다 몇 배나 더 잘 들어요. 신실이가 내 말을 잘 들을 때에 옛날 내가 당신한테 무슨 말을 좀 하면 당신은 잘 듣지 않고 입을 삐죽하면서 '나는 생기기를 그렇게 생겼어요' 하던 것이 생각나서 혼자 속으로 웃었습니다.

내가 이왕에 내무총장과 국무총리 대리로 있을 때에는 자연히 여러 직원과 같이 복잡하게 지내었거니와 근간에 지내는 형편은 이러합니다. 부엌까지 다섯 칸 되는 집에 한 방은 내 침방으로 쓰고 한 방은 나를 주야에 같이 있어서 도와주는 유상규 군의 침방으로 쓰고 한 방은 내 사무실로 쓰고 밑층 한 방은 응접실 겸 사무실로 쓰는데 서기는 김복형 군이라 내가 상해에 왔을 때부터 내 서기로 늘 도와주었습니다. 또 심부름하고 보호하는 전재순 군이라는 이도 처음부터 오늘까지 충성을 다하고 있으니 그런즉 나는 진실한 세 청년과 같이 관청 겸 가정을 이루며 지내고 밥은 밥하여서 파는 한국집에서 갖다가 먹는데 맛있는 집이기 때문에 싫지는 않습니다. 그 집에서 정성은 다하는 모양입니다. 밥값은 매달 12원인데 혹 더 줍니다.

내 혜련, 나는 집에 한 번 다녀라도 올 뜻이 종종 있습니다. 나를 사랑하는 혜련은 몸의 형편과 아이들의 사정과 사진까지 다 자세히 보내 주면 멀리 있는 자의 위로가 되겠습니다.

民國 二年 四月 二十二日 창호

(봉투 전면) Mrs. C,H, Ahn 106 n. Figueroa st. Los Angeles Calf.
安婦人 혜련 씨

(봉투 후면) 中國 上海 徐家滙路 紅十字醫院 內 安昌浩

75. 1920년 5월 1일

　나의 사랑 혜련, 기다리고 또 기다리던 당신의 편지를 오늘에야 받아 보았습니다. 내가 괴로울까 편지 아니하였다 하니 이것이 무슨 말씀입니까. 편지 보는 데 무슨 괴로움이 있을까요. 당신은 내 편지를 보고 기쁘다 하면서 그러합니까. 인정이야 어찌 다르리요. 당신은 나를 잘 알지요. 내가 본래 편지 쓰기를 좋아하지 않는 특성이 있지 않습니까? 그러한 중 참 바쁘게 지내어서 편지를 자주 못하였습니다. 그러나 당신을 생각하고 편지 자주 못함을 불안히 생각하였습니다. 내 평생에 당신의 편지를 봄으로 마음이나 몸이 괴로워하여 본 때는 기억이 나지 않고 못 보아서 괴로워한 때는 있었습니다.

　나의 사랑하는 두 딸이 기침으로 고생하는 것이 애석합니다. 필립은 그같이 컸다 하니 더욱 보고 싶습니다. 이번 편지에서 아이 말이 다 있는데 오직 필선의 말이 없으니 웬일입니까? 좋은 것이나 언짢은 것이나 다 바로 알려주세요. 이것이 부부간에 마땅히 지킬 도라 합니다.

　나는 이즈음에 몸이 좀 편합니다. 일은 다시 많아집니다. 우리 사람은 정도가 낮은 고로 어디든지 이치에 불합(不合)하고 때에 맞지 아니하는 일이 많습니다. 그렇기 때문에 우리는 흥사단주의를 철저하게 지키고 발전하여 내 몸과 마음으로 우리에게 의지하는 어린것들부터 개량하여 분명하고 건전한 국민을 양성하여야 되겠다 합니다.

　일전에 나를 간호하여 주기 위하여 본국 안식교인 강봉효라 하는 이가 일부러 나왔습니다. 이는 김 의사가 청하였습니다. 내가 당신한테는 편지를 석 장치 써 보냅니다. 송군한테는 한 번도 못하였고 쓰기 시작한 것을 마치지 못하여 아직 못 보냅니다. 이곳 일기가 지금은 온화합니다. 김 의사

창세 군은 집이 다 평안합니다. 지금 이 집에 와서 짬을 만들어 몇 줄 글을 보냅니다.

四二五三, 五월 一일

76. 1920년 5월 3일

中華民國 上海 法界 愷自實路 二百 七十房 尹顯振 氏

朝鮮 慶南 梁山郡邑 中部洞 三七七番地 尹先五 上書

이것은 본국에 있는 아홉 살 된 아이가 쓴 봉투라. 내 친구의 아들입니다. 필립이 이것을 보고 공부에 주의하게 하기 위하여 보냅니다.

Mrs. C,H, Ahn 106 n. Figueroa st. Los Angeles Calf.

안부인 리혜련 씨

77. 1920년 5월 18일

　김관홍 군의 편지를 보고 집안 소식을 자세히 알고 필선이가 컸다고 하는 말도 보았습니다. 내 몸은 좀 건강하고 이즈음에는 일도 많고 근심도 많습니다. 우리 민족의 지식, 금전, 단결의 능력이 너무도 부족한 가운데서 큰일을 지으려 하니 앞이 막막한 때가 많습니다. 당신은 필립, 필선, 수산, 수라를 공부를 시켜 앞날에 국가를 위하여 일을 잘하게 하세요. 당신도 YKA(Young Korean Academy, 흥사단)를 위하여 충성과 노력을 다하시오. 나는 당신이 내 편지 보기에 몸이나 마음이 괴로울 줄로 생각지 않고 이같이 편지합니다. 내가 괴로울 것으로 염려 말고 편지 자주 하세요. 차정석 군과 그 부인이 다 평안하십니까? 차리석 씨는 나와 같이 편안히 있습니다.

　　　　　　　　　　　　四二五三년 五월 三일 五월 十八일　창호

Mrs. C,H, Ahn 106 n. Figueroa st. Los Angeles Calf. U.S.A.
　　　　　　　　　　　　　　　　　　　안부인 혜련 씨

78. 1920년 8월 3일

　나의 사랑 혜련, 당신이 보낸 편지를 반가이 보았고 또 사진도 잘 받았습니다. 본 얼굴들을 친히 대함만 같지 못하나 위로가 많이 되며 자연히 자주 보게 됩니다. 내가 황진남 군하고 같이 미국 시찰단을 만나려고 홍콩까지 왔다가 그이들이 이곳을 들르지 않고 상해로 바로 갔기 때문에 만나지 못하고 내일이나 모레는 상해로 돌아갈 것입니다.

　한가한 틈(시간)이 있기에 당신께 편지를 씁니다. 최정익 씨가 오스트레일리아에서 홍콩을 들러 상해로 갔는데 장차 본국으로 간다고 합니다. 김창세 군 댁은 다 평안합니다. 그 집 아이들은 우리집 아이들을 심히 사랑하고 보고 싶어 합니다. 오 나의 사랑하는 혜련, 나는 어찌하여 그런지 전보다 당신과 아이들을 특별히 더 보고 싶으며 전날의 가정생활을 만족치 못하게 한 것이 유감되고 지금 집에 있게 되면 이치에 맞게 가정의 낙이 있게 하리라 하는 생각이 많습니다. 집에 한 번 다녀오고 싶은 생각도 많으나 떠날 기회를 얻기 어렵습니다. 필립의 팔이 상하였다 하니 놀랍습니다. 고친 후에 튼튼할는지 염려가 됩니다.

　혜련, 나는 20년 동안 내 민족을 위하여 고생도 다소간 받았고 남의 시비와 의심도 받았다 하나 남녀 동포에게 믿음과 사랑을 받은 것이 더 많습니다. 그 믿음과 사랑을 무엇으로 보답할 것인지 스스로 황공하며 희생하는 것 하나밖에 없다고 생각합니다. 당신은 나를 항상 멀리 두고 외롭게 지내는 것이 참 안되었습니다. 그러나 불쌍한 우리 동포를 위하여 잘 참고 스스로 안위하세요. 이번 일에 설혹 내 몸이 위험한 때에 들어가더라도 상심하지 말고 당신은 당신의 직분을 다하여 아이들을 잘 교육하여 그것들도 나라와 동포를 위하여 일하게 하세요. 당신도 좋은 서적을 자주 보아서 도덕과 지식을 더 늘리어 장차 교육과 자선사업에 낙을 붙이어 일하게 되도록 예비하세요. 아이들이 점점 자라고 당신의 나이 많으면 동포를 돕고 사업할 기회가 있으리라고 생각합니다. 그런즉 문명 생활이 무엇인가 연구하기 위해 주의하세요, 나의 몸은 전과 같습니다. 염려마세요.

四二五三년 八월 三일 창호

Mrs. C,H, Ahn 106 n. Figueroa st. Los Angeles Calf. U.S.A.

79. 1920년 11월 24일

나의 사랑 혜련

여러 차례 사랑으로 준 편지를 다 반가이 받아 보았습니다. 혜련은 나의 몸을 위해 과히 염려마세요. 몸이 차츰 건강하여지며 기침도 도수가 많이 줄어 듭니다. 나도 속히 미주로 돌아갈 뜻이 항상 간절하온데 할 수 있는 대로 나는 빨리 떠나고자 합니다. 내가 저간(這間, 요즈음) 오흥리에서 있다가 지금은 단소에서 머무르고 음식은 사람을 두고 지어 먹다가 돈이 좀 더 든다고 그만두고 사먹기를 시작하였습니다. 나는 장차 원동에 한 농촌을 세우기 위하여 적당한 토지를 여러 곳으로 탐지하는 중입니다. 혜련 편지를 쓰려고 붓을 드니 집 생각 더욱 간절하여짐으로 도리어 민망합니다. 자주 소식을 주세요.

十一月 二十四日 안창호

80. 1920년 12월 15일

　나의 사랑 혜련, 이즈음에 어찌 지내옵니까? 소식을 자주 듣지 못하여 궁금합니다. 김 의사의 식구를 반가이 만나서 기쁘고 느낌이 많았어요. 그 아이들과 우리 아이들이 다 잘 노는지요? 필선하고 순길이 하고 싸움이나 아니 하는지요? 서로 좋아 지내도록 주의하세요.

　나는 중국 사가(私家, 개인 집)에 방을 하나 얻어 가지고 있다가 그 집 옹굿채를 얻어 손정도 목사를 드리고 나는 단소 웃층 큰방에 와서 자며 이광수 선생과 강봉효 군과 같이 3인이 단소에 중국 하인을 두고 밥을 지어 먹다가 강군은 미주에 가노라고 어저께 불란서로 떠났고 지금 이 선생과 두 사람이 지어 먹는데 내가 혹 직접으로 하인한테 음식 짓는 것을 가르쳐 주니까 음식 맛이 집에서 먹는 것만은 못하나 이왕 다른 데서 먹던 것보다는 우선 맵지 아니하여 잘 먹고 있습니다. 차리석 선생이 어제부터 단소에 와서 내 옆의 방에서 잡니다.

　내가 중국 하인에게 음식을 일러줄 때에 옛적에 당신에게 일러주던 생각이 나서 웃었으며 이런 말을 이광수 선생과 같이 밥먹다가 말하였습니다. 당신은 음식을 지금에는 나보다 선생님답게 하지 그 근본은 나에게 많이 배운 것을 기억하세요. 당신이 하나도 나한테 배우지 아니하였다고 싸우던 것이 기억됩니다. 당신과 순길이 모친이 마주 앉아서 이야기를 퍽 많이 하고 있습니다. 그 가운데 내가 담배 끊는다고 광고하고 다시 피운다고 하는 문제로 당신은 말하기를 너의 아주버니는 다른 것을 끊는다면 믿지마는 담배 끊는다는 것은 안 믿는다 하며 흉을 보면서 재미있게 웃을 것이 눈에 선합니다. 그렇게 아니 하니까 내가 지금은 자식들을 위하여 집에 좀 있어야 될 때에 있지 못함이 유감입니다. 당신은 주의하여 도덕 교양을 잘 하세요. 나는 편할 때보다는 괴로운 때에 당신 생각이 더욱 많이 납니다. 참 어린아이 같다고 스스로 생각합니다.

四二五三년 十二월 十五일   안창호
Mrs. C,H, Ahn 106 n. Figueroa st. Los Angeles Calf. U.S.A.
안부인 혜련 씨

81. 1921년 7월 14일

　나의 사랑 혜련, 보내어 준 편지를 반가이 보고 위로를 많이 받았습니다. 그간에 당신의 몸은 어떠하며 심정이 어떠합니까? 또 필립은 상했던 팔이 다시 도지지 아니하며 금년 하기에 공부 성적이 어떠합니까? 또 근래에 성정(性情)과 행실이 어떠합니까? 자세히 알고 싶습니다. 필선은 체력이 어떠하며 살이 찌는지 파래는지, 또 그놈의 성정이 어떠합니까? 수산은 어렸을 때에는 보기에 아둔할 것도 같고 영리할 것도 같더니 지금은 어떠합니까? 수라는 별 병이나 없는지요. 한 번 자세히 기록하여 보내어 주기를 바랍니다.

　지금은 아이들을 교양에 가장 중요한 시기인데 나는 집에 있지 못하고 당신에게만 맡겼으니 미안합니다. 그것들이 앞날에 잘못되면 그 허물이 그것들에게 있지 아니하고 나에게 큰 책망이 있겠습니다. 자식들을 혼자 맡아 가지고 혼자 고생하는 당신에게 대하여 감사합니다. 다시 부탁할 말씀은 그것들을 좋은 사람되게 하기 위하여 힘을 더 쓰고 주의를 더 하세요. 당신의 정중하고 다정한 교훈과 몸소 행하는 모범으로 잘 인도하여 그것들이 다 성실하고 깨끗하고 부지런하고 규모를 좋아하게 하고 더욱이 다른 사람에게 동정하고 사회를 사랑하여 돕는 습관을 길러 주세요. 나는 자식 기르는 도가 중함을 알고 그 도를 바로 실행하기가 어려운 줄을 압니다. 당신은 정성을 다하고 힘을 다하여 그것들로 이 아비보다 나은 사람이 되게 하세요.

　김창세 의사와 그 부인이 평안하며 아이들이 다 잘 자랍니까? 식구가 많고 또 아이들로 인하여 서로 불편한 것이 많을 줄 압니다. 그같이 한 집에 두 살림을 같이하는 것이 유익하지 아니합니다. 할 수 있는 대로 속히 따로 지내게 하세요. 이 뜻으로 김 의사와 송종익 군한테 편지하겠습니다. 그러나 서로 떠나기 전에는 괴로움을 잘 참고 위로를 많이 주며 아이들이 서로 사랑하는 동정이 많게 하세요.

나는 몸이 매우 약해졌다가 지금은 많이 나아갑니다. 의원에게 치료를 받으며 다섯 날 전에 상해에서 화차로 네 시간이 좀 넘어 가는 곳 항주(抗州)란 시골에 가서 산과 호수에서 놀다가 돌아왔습니다. 내가 상해 법국 조계 명덕리에 있다가 그 집은 집세가 많기 때문에 떠나서 그 옆에 오흥리란 동리로 이사하여 그곳에서 손들만 보고 일을 처리하고 자고 먹기는 단소에서 합니다. 단소는 공기가 좀 좋은 까닭입니다. 내가 지금은 정부에서 나왔고 밖에서 국민대표회가 모이는 것을 찬성하고 우리 흥사단의 발전을 위하여 경영합니다.

오! 혜련! 나를 충심으로 사랑하는 혜련 나를 얼마나 기다립니까? 나는 당신을 보고 싶은 생각이 더욱 간절합니다. 내 얼굴에 주름은 조금씩 늘고 머리에 흰털은 날로 더 많아집니다. 이제는 늙은 것을 깨닫기 시작합니다. 이처럼 늙어감으로 혜심(慧心, 칠)이 드느라고 이러한지 전날보다 당신을 사모하고 생각하는 정이 더욱 간절합니다. 이왕에는 당신의 부족한 것이 많이 기억되더니 지금은 반대로 당신이 옳은 것을 기억하고 나의 부족한 것이 많이 생각납니다. 당신은 나를 만남으로 편한 것보다 고(苦)가 많았고 즐거움보다 설움이 많았는가 합니다.

이즈음에는 공연히 옛 생각이 많이 납니다. 옛날 로스앤젤레스 웨스트 포스 스트릿(West 4th Street)에서 나는 사흘이나 말을 잘 아니 하였거니와 당신이 손가방을 들고 나가겠다고 하던 것이 생각납니다. 이것을 생각할 때에 내가 어찌 혜련을 그같이 아프게 하였던가, 여북 마음이 아파서 그처럼 하였을까 합니다. 당신은 기억하는지 모르거니와 우리 둘이 클레어몬트

(Claremont)에 가서 당신은 김기만 군 집에서 자고 나는 손양선 집에서 자던 때나 이옥형의 혼인으로 인하여 말하다 내가 극단으로 불평 무례한 일을 행하고 헤어졌다가 내가 잘 때에 당신은 나를 위해 자지 못하고 깊은 밤, 어두운 방에 들어와서 내 자리 옆에 섰던 것이 눈에 선하며 당신의 모든 사랑과 동정을 여러 가지로 기억합니다.

나를 위하여 20여 년 충성을 다하여 온 당신을 대하여 사랑한다 만다 라는 것이 서투른 말이오. 부질없는 말일 뿐더러 도리어 유치한 듯합니다마는 간절한 생각이 가슴 속에 배회하는 때에 붓을 들고 글을 쓰다가 자연 부질없는 말을 쓰게 되었습니다. 내가 멕시코에 갔을 때에 당신에게 대한 생각이 간절하여 이번에 돌아가서는 전보다 아내와 아이들을 더욱 사랑하고 가정다운 가정을 만들겠다 하였다가 얼마 동안 같이 있지 못하고 원동으로 오게 되므로 먼 작별을 짓고 서로 떠난 지가 어언간 3년이 되었습니다.

속히 만날 마음도 간절하고 다시 만나서 부부의 도를 극진히 하여 보겠다고 생각도 많습니다마는 나의 몸을 이미 우리 국가와 민족에게 바치었으니 이 몸은 민족을 위하여 쓸 수밖에 없는 몸이라 당신에게 대한 직분을 마음대로 못합니다. 금년 안으로는 한 번 다녀 올 생각이 많습니다마는 어찌 될는지 모르겠습니다. 그런즉 위에도 말씀하였거니와 당신 혼자 어린 것들을 맡아가지고 그것들을 사람 만들기 위하여 고생을 더하고 또한 그것으로 큰 낙을 삼으세요. 영도한테 나는 편지를 도무지 못했습니다. 당신이나 자주 통신하고 또 아이들도 편지하게 하세요. 아이들한테 편지쓰기 좋아하는 습관을 길러 주어서 이 아버지처럼 아니 되게 하세요. 말이 너무 길어짐으로 그만 그칩니다.

四二五四년 七월 十四일 안창호

From C.H. Ahn n 301 Moulmein Roan Shanghai China
Mrs. C,H, Ahn 106 n. Figueroa st. Los Angeles Calf. U.S.A.
안혜련 씨

82. 1922년 2월 26일

나의 사랑 혜련

당신의 편지를 반가이 보았습니다. 집안 형편이 그 지경에 이를 것을 다 알겠습니다마는 멀리 있어 어찌 할 수 없으니 민망할 뿐입니다. 이번 대회 사진을 받아 보는데 당신의 얼굴과 아이들을 다 보았습니다. 필립은 빠졌으니 웬일입니까? 혹 그 때에 앓지나 아니하였는지요? 사진 속에 있는 당신의 얼굴을 볼 때에 보고 싶은 당신이 더 보고 싶습니다. 말하지 아니하여도 당신의 마음을 미루어 나의 마음이 어떠할 것을 알 줄로 믿습니다.

일전에 우편으로 부친 한국엿을 받았습니까? 그 엿은 맥결이가 나에게 먹이려고 평양서 보낸 것입니다. 손수건도 만들어 보냈더니 그 애 편지를 수차 받았는데 당신과 아이들 문안을 늘 하였으며, 제 동생들을 보고 싶은 마음이 간절하다고 하였습니다. 그 동생 성결은 밧고지에 있다고 합니다. 아이들한테 맥결 형제의 말을 자주 하여 많지 아니한 친족간의 애정을 기르게 하세요.

내 사정은 재정상 곤란은 극도에 달하였기에 장래가 더욱 걱정입니다. 몸은 다시 쇠약하여지기로 몇 날을 좀 쉬고 출입히지 아니하였더니 좀 낫습니다. 내일부터 난 또 나가 보겠습니다. 내가 전과 같이 단소에서 자고 먹는데 음식은 우리나라 사람 사환하는 이가 지어줍니다. 혼자 지어먹는 것이 맛도 없고 돈도 들기 때문에 한동안 그만두고 이곳저곳 먹다가 합당한 곳이 없으므로 도로 지어먹습니다. 차리석 선생과 같이 있으나 그이는 다른 데서 밥을 사서 자십니다.

내가 경영하는 것은 원동에 농촌을 하나 설치하려고 하는데 언제 성공될 것은 예정키 어렵습니다. 이곳 모든 정형(情形, 정세와 형편)은 점점 더 어려운 것뿐이니 이는 우리 민족의 정도와 실력이 부족한 때문입니다. 밧고지 형님이 내게 돈을 좀 보내 주셨는데 남의 빚을 물고 남아 나는 다 썼습니다. 나는 속히 가사를 정돈해야 하겠으나 마음대로 못 되니 민망합니다. 여행권도 허락지 아니합니다.

四二五五년 二월 二十六일 당신의 남편

83. 1922년 11월 23일

나의 사랑 혜련

나는 요즈음에 나의 신세와 집을 생각하여 처참한 마음과 괴로운 정이 더욱 많던 즈음에 당신의 간곡한 말로 써 보낸 편지를 받아 읽은 느낌을 형언할 수 없습니다. 보내어 준 신과 버선, 수건을 다 잘 받고 감사합니다. 이 편지를 받고는 전날 평양 장대재에서 토일넷 페이퍼(Toilet paper)에 써 보낸 편지를 받던 것이 다시 기억이 되어 이 물건을 받을 때에 옛날 아라사(러시아) 해삼위에서 당신이 보낸 백 원 금전을 받던 것이 다시 기억되고 동시에 천만 가지 회포가 일어남으로 처참한 감정을 스스로 억제키 어렵습니다.

얼마 전에 보석이가 집의 사정과 당신이 내게 대하여 생각한다는 말을 기록하여 보낸 편지를 보고도 퍽 괴롭게 지내었습니다. 신을 보낸 것은 참 요긴히 되었습니다. 나는 신이 여러 곳에 떨어져 있기 때문에 불가불 사서 신어야 하겠다 하여 신 집에 세 번이나 갔다가 좋지 못한 것은 마음에 합당하지 않고, 좋은 것은 값이 많으므로 사지 못하고 돌아오는 마지막 날에 신을 받았습니다. 신을 신어본즉 길장은 조금 긴 듯하나 맞고 볼은 좀 좁지마는 이것은 볼 넓은 헌신을 신던 때문인가 합니다. 하여간 팔지 않고 잘 신습니다. 필립이가 그처럼 발이 컸으니 세월이 빨리도 갔습니다.

이 즈음에 그 신 때문에 여러 사람한테 조롱을 많이 받습니다. 사람들이 만나면 '그 신이 별로 좋습니다. 우리들이야 저런 신을 신어볼 팔자가 없다'고 하면서 한턱 쓰라고들 합니다. 일전에 누구 연회에 갔더니 누가 일어나서 말하되 '오늘 도산 선생이 가장 기쁜 일을 당한 것을 광고합니다.' 하고 '도산 선생의 부인이 도산 선생에게 예물하였어요. 그 신을 보내면서 편지하기를 이 신이 필립의 발에 맞춘 것이니 맞나 보라고 하였어요. 보내는 그 마음은 어떠합니까? 우리 중에 그런 것을 받아 본 이가 있습니까?' 한즉 다 '없소' 하고 또 이어 말하기를 '필립의 발에 맞는 것이란 말을 왜 하였겠어요. 이것이 가장 오묘하게 깊은 의미가 있는 말입니다. 이것이 당신은 나간 지는 얼마입니까? 나의 간절한 생각은 얼마일까요 하는 뜻을 은근히 포함한 것입니다. 그러한 신, 그러한 편지를 받은 이가 기쁘겠습니까. 아니 기쁘겠습니까' 하고 한 큰 웃음의 재료를 삼아서 말들 합니다. 버선은 2원 25전짜리가 너무 과합니다.

나의 사랑하는 혜련이여, 혜련이 이번 편지에 나를 떠보는 뜻이 있으니 나를 깊이 생각하는 나머지 답답한 중에서 썼음을 알고 나는 더욱이 당신을 위하여 생각하였습니다. 그러나 날로 하여금 집안 처자를 잊고 돌아보지 않는 몰인정한 자라고는 과히 생각지 마세요. 자주 편지도 아니하고 무심히 지내니 그렇게 생각도 할 듯하나 사실은 그렇지 않습니다. 나는 본래 편지를 쓰기 싫어하는 성미에 믿는 집안 식구에게나 믿는 친구에게까지 더욱 쓰지 아니합니다. 내가 일찍 사촌 동생이나 또 영도한테 편지를 여러 번 받고도 4년 동안에 엽서 한 장을 보내지 아니하였고 나하고 공사간 관계가 많은 송군과 기타 친구들한테도 편지를 자주 아니하였습니다. 믿는 사람한테는 편지를 잘 하지 않는 특성에 버릇이 있는 것은 당신이 잘 알지 아니합니까?

나는 남의 정원의 꽃은 아무리 좋아도 입으로 좋다고는 말하나 특별히 사랑은 없고 좋거나 언짢거나 내 손으로 가꾸는 내 정원의 화초에 대하여는 좋다는 말은 없이 속으로 사랑하는 사람입니다. 이것은 나의 마음이 좁아 그런지 하여간 나의 성품은 그러합니다. 전에도 말하였거니와 늙어감으로 그러한지 가정이란 생각이 점점 많아 가는데 나의 사정은 그렇게 되지 아니합니다. 실로 답답한 때도 많으나 부모 처자를 영영 버리고 나라를 향하여 피를 흘리고 죽으신 많은 애국자를 생각하고 수다한 노인과 청년이 그 친족을 떠나서 만추리아(만주)와 시베리아의 찬바람에 고생하는 자들로 보고 스스로 억제하고 있습니다.

슬프다. 나의 과거 평생을 돌아보고 현재를 생각하건대 집도 돕지 못하고 나라에도 큰 유익을 준 것이 없으니 두루 자책할 뿐입니다. 곧 미주로 돌아가고자 하나 내가 지금 돌아간 뒤에야 처음으로 가족을 대할 때에 나는 좋다고 하려니와 돈 없고 연약한 몸으로 처자를 거두지 못할 것은 가나 아니 가나 일반일뿐더러 도리어 삯빨래하여 번 밥을 뜯어 먹을 형편이라. 나의 좀 이상한 성정에 처자를 대하여 도리어 미안만 할 경우에 처하였습니다. 내 장차 가기는 가겠다마는 간들 나에게야 무슨 쾌함이 있으며 처자에게인들 무슨 기쁨을 주랴.

내가 원동에 온 지가 4년인데 장래 원동에 발전할 만한 기초를 세우지 않고 미주로 쑥 들어가면 그렁그렁 오십의 백발을 날 터이라 다시 무엇을 하겠습니까. 그럼으로 상당한 기초를 세워서 내가 죽은 후에라도 일에 발전이 있기를 위하여 오늘까지 주춤주춤하고 있었습니다. 혜련, 우리는 나라 망한 사람이라 무엇에나 만족이 있으랴? 그래도 우리 민족의 큰 사업의 기초가 서지면 나는 아무 한할 것이 없고 크게 기뻐하겠습니다.

이번 국민대표회나 지나고 명년 봄이나 여름에는 집에 다녀 오려고 합니다. 그때에 힘없는 남편이라고 괄시나 하지 마세요. 남을 돕는다 하지마는 이것은 지나간 일이요. 지금은 남에게 도움받을 뿐이고 도울 그 능력이 없습니다. 이 저음에 나의 몸은 조금 나은 듯하고 식사와 모든 범절은 전과 같습니다. 나는 편지를 자주 아니 하더라도 혜련은 조금 자주 하여 주세요.

四二五五년 十一월 二十三일 창호

84. 1924년 1월 13일

나의 사랑 혜련

보석과 또 다른 편으로 오는 편지를 받아 집의 소식을 대강은 알고 있습니다. 내가 자주 편지를 할 뜻은 간절하나 다른 친구들에게는 편지를 못하면서 집에만 편지하기는 미안하고 여러 곳을 다 하자니 과연 쓸 만한 시간도 없고 어떤 때는 쓸 힘도 없으므로 자주 편지를 못하였습니다. 너그럽게 생각하는 혜련은 잘 양해하여 주세요. 그동안은 어찌 지냈습니까. 아이들의 심리는 어떠해 가며 신체는 어떠합니까? 나는 금년 여름과 가을, 겨울은 북방에서 지내였습니다. 혜련이 잘 아는 바 내가 집으로 돌아가고자 하는 뜻이야 때때로 불일 듯하는 것을 참 억제하기 어렵습니다.

그러나 이 부족한 사람이 우리 국민에게 빚진 것이 많은데 원동에 왔다가 우리의 국민을 위하여 아무 기초도 세우지 못하고 공연히 집으로 돌아가는 것은 차마 못하여 이처럼 못 갑니다. 지금에 나는 일찍 경영하던 원동의 우리 사업의 근거지를 하나 세우려고 각처에 토지 형편을 살피며 그 일을 이룸에 같이 힘쓸 동지를 구하는 것으로 시간을 쓰는 중입니다. 몇 달 동안 산과 들로 돌아다닌 결과 지금은 기후와 산천과 토지가 좋은 곳을 하나 보았는데 과연 살 만한 곳인지 더 조사하고 있습니다.

중국촌 여행에는 자고 먹는 것이 매우 괴롭습니다. 지금 시작한 것을 기초라도 잡아놓고서야 집으로 갈 터이니 빨리 간다고 하면 금년 후로 되겠습니다. 혜련은 일찍 나를 위하여 고생을 잘 참는 지가 여러 십 년이라 나를 끝까지 사랑하며 또는 우리 민족을 위하여 고생을 더 참고 견뎌 주세요. 내 몸이 초겨울에는 좀 낫더니 이즈음에는 불편한 여행을 두어 번 하였더니 다시 어렵습니다. 내일 이른 아침에 또 여행하겠는데 밤이 깊기 때문에 더 쓰지 아니합니다.

四二五七, 一월 十三일   당신의 사랑

85. 1924년 12월 6일

나를 간절히 기다리는 혜련

나는 바삐 서둘러서 지난날 22일에 떠나게 되었습니다. 배를 탈 때에는 미주로 바로 가려고 하였는데 배에서 말을 들은 즉 하와이로 들렀다가 다른 배를 타고 가더라도 선비(船費, 배삯)을 더 들이지 아니한다 하기에 돌아갈 뜻은 급하나 하와이 동포들이 지내는 정형을 잠시라도 직접 볼 뜻이 있어서 호놀룰루에 상륙하였습니다. 나흘 후 오는 예배 3일에 떠나는 배로 가겠습니다. 떠나기 얼마 전에 맥결이가 왔으므로 반가이 만났고 본집 소식도 자세히 들었습니다. 가기는 가더라도 서로 같이 있을 시간이 많지 못할 것이 유감입니다.

十二月 六日　당신의 사랑

86. 1925년 4월 15일

예배 1일 전에 덴버까지 평안히 왔고 신광희 군을 만나서 하루를 지내고 오늘 석점(3시) 35분에 시카고로 떠나겠습니다.

四月 十五日   안창호 (엽서)

Mrs. C,H, Ahn 106 n. Figueroa st. Los Angeles Calf. U.S.A.

87. 1925년 5월 9일

나의 사랑 혜련

세 번 보낸 편지를 다 자세히 보았습니다. 필립이가 그만이라도 하다니 다행입니다마는 당신이 근심을 많이 하셨겠습니다.

나는 시카고로 가서 필라델피아를 들렀다가 뉴욕으로 와서 여러날 있다가 뉴헤번(New Haven), 보스톤(Boston), 포울리버(Poll River)를 다녀서 오늘 오후에 뉴욕으로 왔습니다. 가는 곳마다 청년들이 사석 면회를 너무 요구하는 이가 많기 때문에 시간이 많이 소비되었습니다. 매일 8시 이후에 밤 12시 혹은 2시까지 사람을 대하고 보니 몸은 피곤하나 그 이들이 성의로서 말하고자 하니 재미는 많습니다. 이곳에서 몇 날을 더 지내고 나서 다시 필라델피아로 가서 서재필 박사를 만나서 미진한 말씀을 필(畢)하고 다시 시카고로 가서 여러 날을 머무르게 되겠나이다. 서 박사하고 말씀하는 데도 유익이 많았습니다.

영호가 결혼하였다니 기쁩니다. 그런데 술과 담배는 꼭 끊으라고 하세요. 필립은 동방에 와서 공부할 길이 있는데 다만 중학교 졸업을 했어야 입학할 수 있습니다. 그동안에 붓을 들 시간이 정말 없으므로 도무지 편지를 누구에게든지 못하였습니다. 림효 군은 김매리와 약혼하였습니다.

四二五八년 五월 九일 안창호

Mrs. C,H, Ahn 106 n. Figueroa st. Los Angeles Calf. U.S.A.

Wwstmoreland 답장은 자카나로

88. 1925년 5월 23일

나의 사랑 혜련

이즈음은 어떻게 지냅니까? 필립의 몸은 어떠합니까? 나는 몇 날 전에 뉴욕을 떠나서 필라델피아로 왔다가 워싱턴을 거쳐서 다시 필라델피아로 왔고 수삼일 후에는 시카고로 가려고 합니다. 이번 서 박사 집에 가서 융숭한 대접을 받았습니다. 서 박사는 하와이 가는 길에 로스앤젤레스를 들리려 합니다.

나는 6년 동안 집을 떠나 있다가 다시 집에 돌아왔다고 하나 당신과 아이들하고 같이 있지 못하고 이렇게 돌아다니다가 또 멀리 갈 것을 생각하니 마음이 때때로 처참합니다. 그러나 어찌하리오. 이때에 나는 이러할 수밖에 없는 줄 압니다. 내 일신에 아무 낙이 없더라도 우리의 바라는 일에 틀이 잡히는 것을 보면 위로가 되겠습니다. 6월 15일께 집으로 갈 듯합니다.

四二五八년 五月 二十三일 안

Mrs. C,H, Ahn 106 n. Figueroa st. Los Angeles Calf. U.S.A.

HOTEL PENNSYLVANNIA, PHILADELPHIA

89. 1925년 6월 14일

　뉴욕으로 떠난 지난 29일에 시카고에 왔고 지난달 1일에 사우스밴드(South Bend)에 갔다가 어제 시카고로 다시 왔습니다. 당신이 시카고로 보낸 편지 여러 장을 다 자세히 보았습니다. 18일에 모이는 학생대회에 참석하고 가려고 하니 그때까지 있으려고 합니다. 이곳 동포들의 사랑을 많이 받으며 박돈욱 군이 여름옷을 한 벌 사서 주어서 입었습니다.

　혼인 날짜는 내가 집에 돌아간 후에 작정하옵니다. 하여간 여름은 지날 것이 아니겠습니까? 그 댁 주소를 보내어 주세요. 그런데 만나서도 말씀하려니와 영호가 혼인한 후에 당신이 어떻게 할 것을 미리부터 주의할 대개(大槪, 대략적인 일)는, 1)은 모든 일을 절대로 자유에 맡기고 조금도 간섭하지 아니할 것이고, 2)는 잘하거나 동서의 실수 되는 것을 남에게 절대로 말하지 아니할 것이고, 3)은 사돈댁과는 극진한 사랑과 공경으로만 대할 것이고 남을 대하여 사돈댁 말씀을 아니해야 할 것입니다. 4)는 살림하는 경비는 더 들더라도 집을 각각 따로 거하여 사랑은 한 몸처럼 하고 공경은 손님처럼 대접해야 될 것입니다. 이 밖의 것은 당신이 다 아실 터인즉 긴 말씀을 많이 할 필요가 없습니다. 가르친다는 말에 놀라서 몇 말씀을 많이 하였습니다.

　나는 아이들을 간절히 보고 싶습니다. 내가 원동에 갈 기한은 8월 달인데 여섯 달을 더 연기하여 달라고 청원하겠습니다. 그러나 나를 공산당이라고 미국 정부에 모함하였으니 어찌 되는지 모르겠습니다. 저번 이민국 사람들이 집에 왔던 것도 그 까닭입니다. 우리 정원에 화초들이 잘 자랍니까? 나는 정말 바쁩니다. 편지 쓸 짬이 없어서 당신께 편지 쓰려고 여러 붓을 들었다가는 못 쓰고 하였고 지금도 손님들이 오기 때문에 이만 그칩니다.

六月 二十四일 창호 나의 사랑 혜련
HOTEL WASHINGTON CHICAGO

부인에게 보낸 편지

90. 1925년 6월 18일

나의 사랑 혜련

일전에 덴버에서 엽서를 보냈더니 받았는지요. 나는 시카고에 그저께 하오 여덟 점(시) 50분에 당도하였습니다. 여러 친구들이 정거장에 나왔고 매우 친절하게 애호함으로 편리하게 지냈습니다. 어제는 이곳 학생회에 갔더니 말하여 달라고 해서 한번 말하였고 또 더하여 달라고 해서 다시 두 번 말하고 돌아왔습니다. 내일 상오에는 이곳 동포 전체가 환영한다는데 거기 참석하고 내일은 필라델피아로 가겠습니다. 서박사가 긴 롤 편지를 하였습니다. 뉴욕에 가서 한 주일 이상 머무를 예정입니다.

十八일 안창호

HOTEL WASHINGTON   CHICAGO

91. 1925년 6월 22일

　금방 당신의 편지를 보았습니다. 이즈음은 편지를 매우 기다렸습니다. 내 마음을 미루어서 당신은 나보다 편지를 더 기다릴 줄 알았습니다. 그런데 그렇다고 성은 너무 내지 마세요. 당신이 성을 낸다고 멀리 있는 내게야 무슨 소리가 있겠습니까? 다만 당신이 스스로 해를 받을까 걱정함입니다. 이렇게 말하면, 그렇게 걱정스러우면 왜 편지를 자주 하지 하고 나를 나무라실는지 모르겠습니다마는 정말 짬이 없습니다. 당신이 꿈에 혹 내게 왔을 터이니 짐작할까 합니다. 몇 날 전에 사우스벤드에서 편지 보낸 것을 아직 받지 못하였습니까?

　혼인할 실력이 있으면 8월로 하는 것이 좋을까 하오니 영호와 의론하여 합당하게 날짜를 작정한 후에 알려 주세요. 내가 보는 일은 매우 잘 되고 있습니다. 사돈댁 주소를 곧 보내 주세요. 짬이 없더라도 사돈과 제수될 이에게 편지나 하려고 합니다. 그이의 영어 이름까지 알리어 주세요.

四二五八년 六월 二十二일

Mrs. C,H, Ahn 106 n. Figueroa st. Los Angeles Cal.

　　　　HOTEL DEL PRADO　　　CHICAGO

92. 1925년 7월 11일

나의 사랑 혜련

책망하는 편지를 어제 저녁에 반가이 받아 읽었습니다. 제이선(Jason)이 세상 떠난 것을 위하여는 매우 애석하게 생각합니다. 그 부모와 동생들이 얼마나 애통하겠습니까. 당신이 나를 등한(等閑, 게으르고 무심한)한 사람이라고 함에 대하여 나는 조금도 부인하지는 않고 그렇다고 자처합니다. 나는 과연 등한하다고 책망을 스스로 하는 때가 많습니다. 다만 당신은 나를 등한한 사람으로 알고 사랑하여 주세요.

그런데 이번 일은 꼭 내가 등한한 때문이 아니고 당신과 영호 두 사람이 등한한 것 같습니다. 왜 그런가 하니 내가 일찍 편지하기를 당신과 영호가 형편을 따라 혼례할 날짜를 작정하여 알려 달라고 하였지마는 작정은 아니하고 또 이러구 저러구 묻기 때문에 나는 내 의사대로 8월이 어떠하겠는가 하였습니다. 이것은 우선 혼례할 돈부터 없을 것을 생각한 때문입니다.

만일 당신이나 영호가 꼭 급히 할 이유가 있으면 그 이유대로 된다고 급하게 작정하고 기별하면 나는 반대도 아니하겠고 7월 초생(初生, 초순)으로 된다고 하였으면 나는 불과 3일 동안이면 갈 수 있으니 오라고 명령만 하였으면 가겠습니다. 그런데 당신이 들었다 놓았다 바재다가(마음에 걸리는 것이 있어서 자꾸 머뭇거리다가) 다 마음대로 아니 되니까 공연히 나만 원망하는 듯싶습니다. 내가 오래간만에 미주에 돌아와서도 집에 있지 않고 돌아다님으로 속히 돌아오기를 기다리다가 화는 나니까 겸사겸사 원망하는 줄 압니다.

여보시오 혜련, 나야 근본이 그런 사람이 아닙니까? 내가 등한하다면 하필 이번 혼인에 등한한 것이 아니고 근본적으로 가정에 대하여 등한한 사람입니다. 당신은 아직까지 잘 참더니 왜 늙어가면서 참지 못하고 그리 야단을 칩니까? 청년시대보다 정이 더 깊어져 가는 때문인지요. 그런데 사돈댁 주소를 보내 달라고 두 번이나 편지하였는데 왜 아니 보내 줍니까? 그야말로 당신이 참 둥한합니다. 내가 집을 떠나서 분주히 돌아다니다가 막상 집에 가서 좀 쉬노라고 아무것도 아니하고 앉았으면 당신은 갑갑증이 나서 멍청하다고 할 터이지요.

이 예배일에는 떠나서 캔사스, 덴버, 벙햄(Bungham) 몇 곳을 다녀서 집에 가겠습니다. 동쪽으로 다시 다녀오려고 하다가 당신이 너무 불평하여 하기 때문에 그만둡니다. 장리욱 군과 같이 가오니 맛있는 김치나 준비하세요.

七月 十一日 당신의 사랑

Mrs. C,H, Ahn 106 n. Figueroa st. Los Angeles Cal.

Lexington Hotel   CHICAGO

93. 1925년 7월 12일

당신의 사랑 나의 사랑 혜련

에제 보낸 편지를 받았습니까? 나는 어제 사우스벤드에 나왔는데 오늘 아침에야 당신이 6월 27일에 한 편지를 보았습니다. 먼저 받은 것은 추후에 보낸 것이 되었습니다. 27일 편지를 보고 당신이 속타게 된 것이 어이없어서 웃었습니다. 그 편지는 내가 가는 곳마다 따라다니다가 오늘에야 내게 왔습니다. 여보 나도 집을 떠나서 객지 생활만 하니 참 지지리도 답답한 때가 많습니다. 그러나 어찌 합니까? 나야 이러다가 마칠 사람인 것입니다. 디트로이트와 클러벤스 두 곳을 더 다녀 가야만 되겠습니다. 이민국에 연기 청원을 지난 달 19일에 하였는데 아직도 대답이 아니 오는 것을 본즉, 잘 아니 될까 염려합니다. 오늘도 다시 시카고에 가려고 합니다.

七月 十二日 당신의 사랑

Mrs. C,H, Ahn 106 n. Figueroa st. Los Angeles Calif.

HOTEL JEFERSON   SOUTH BEND, Ind.

Mrs. C,H, Ahn 106 n. Figueroa st. Los Angeles Cal.

94. 1925년 7월 28일

나의 사랑 혜련

나는 장리욱 군과 같이 샌프란시스코에 왔습니다. 모레나 글피쯤 집을 향하여 떠나겠습니다. 서 박사가 스탁턴과 다뉴바(Denver)로 다녀 라성(Los Angeles)으로 가려고 합니다. 내일 아침에 사돈댁에 갔다가 오겠습니다. 이번에 신태림 씨를 만나서 당신이 늘 말씀하던 사진을 찾아 가지고 오겠습니다. 당신이 보낸 편지 두 장을 다 보았습니다. 나는 신경이 조금 약하여져 감정이 좋지 않습니다.

四二五八년 七월 二十八일 당신의 사랑

Mrs. C,H, Ahn 106 n. Figueroa st. Los Angeles Calif.

Hotel Clark San Francisco, Cal.

95. 1925년 11월 13일

나의 사랑 혜련

나는 벼 농장과 삭도(Sacramento)를 다시 들렀다가 그저께 상항(Sanfrancisco)으로 와서 어저께 옥클랜드(Oakland)로 건너가서 (이)재수를 잠시 만나보고 돌아왔습니다. 그 댁은 다 평안하더군요. 상항에는 별일 없고 김기만 씨는 수히 수술을 받을 터인데 의사들이 아직도 집중을 못하고 매우 위험한 양으로 생각한다고 하는군요.

나는 원동에 나아갈 배편과 선세(船稅, 배삯)를 알아보고 원동 몇 곳에 편지한 후에 떠나서 다시 스탁턴(Stockton)과 태프트(Taft)에 들렀다가 집에 돌아갈 예정입니다. 치코(Chico) 뒤에 좋은 약수가 있다 하기로 갔더니 동양사람은 아니 받는다고 하더군요. 내 몸은 집에 있을 때보다 조금 나은 듯합니다. 수라의 부스럼이 어떠한지 궁금합니다.

四二五八년 十一월 十三일 당신의 사랑 도산

Mrs. C,H, Ahn 106 n. Figueroa st. Los Angeles Calif.

Hotel Clark   San Francisco, Cal.

96. 1925년 (낙장)

... 매일 오백명씩 검사하게 됩니다. 지금 내가 이곳에 와서 이 일을 하는 지가 벌써 세 주일이 되었는데 세 주일 동안에 엑스레이 박힌 수효는 7천 명 가량인데 벌써 회사에 큰돈을 벌어 주었습니다. 앞으로 2만 명가량을 이곳에서만 더하게 되는데 내가 이곳에 못 있더라도 한 달 반가량은 더 있게 되겠습니다.

일하는 것으로 말하면 배지테블스한 일과는 매우 다릅니다. 나는 지금 하루에 여덟 시간 더 일을 하는데 그것도 시간이 길다 하여 한 주일에 다섯날 일 밖에는 더 하지 않고 토요일과 일요일은 항상 놀게 됩니다. 지금 그 회사에서 나에게 월급이라고 특별히 내어 주는 것은 없지만 자고 먹는 것을 담당하여 주기 때문에 한 주일에 삼십 원 가량은 됩니다. 또는 나의 용처 쓰는 것은 한 주일에 십 원 가량인데 이것을 다 합하면 한 주일에 사십 원입니다.

만일 그 사람들이 나에게 이 사십 원 월급을 주면서 나보고 먹고 살 것을 담당하라고 하면 한 주일에 이십 원 씩은 저축할 터이지만 그 회사에서 먹고 사는 것을 담당하기 때문에 좋은 집에서 자고 좋은 집에서 좋은 음식을 먹게 되기 때문에 도리어 이 회사에 대하여서는 불경제가 됩니다. 일은 매우 좋은 일입니다.

지금 김 박사도 일을 하는데 아직까지 후한 월급을 받지 못하고 일을 하기 때문에 좀 곤란히 지나지만 먹을 것 입을 것 걱정은 하지 않거니와 필선이 일에 대하여서는 걱정마세요. 명년에 그때 온다고만 하면 될 터이니 그리 아시고 가만히 계세요. 지금 내가 박사에게 그 말을 하였는데 아직까지 무슨 말은 없지만 그러한 일을 위하여 힘쓰는 사람이 있기 때문에 내가 믿기까지는 필선의 일이 잘 되리라고 생각합니다. 이 편지를 받은 후에 아무 말도 누구에게 하지 마세요. 이만합니다.

1925년 낙장

97. 1926년 3월 13일

나의 사랑 혜련

샌프란시스코에서 나를 보내고 혼자 화차를 타고 갈 때에 가슴속에 괴로움이 얼마나 많았습니까? 나는 예배 1일에 호롤룰루에 와보니 이민국에서 두 주일 머무르는 것을 허락지 아니 한다 하여 내가 직접 이민국장을 찾아서 아무리 말하여도 듣지 아니하므로 그 배를 그냥 타고 오스트레일리아(Australia)로 바로 가는 길입니다.

호놀룰루에서는 공연히 이민국에서 시간을 다 허비하고 저녁 먹은 후에 예배당에서 연설하고 곧 배에 와서 상륙되었던 짐짝을 찾아 가지고 오느라 편지 쓸 시간이 도무지 없었고 모레는 페고페고(Pango Pango)란 섬에 배가 간다 하는 고로 지금 몇 자를 기록합니다. 두 날 후에는 페고페고에 가고 다시 두 날 후에는 수바(Suva)란 섬에 가고 그다음에 네 날 후에는 오스트레일리아 시드니에 도착된다고 합니다. 시드니에 가서 다시 편지하겠습니다.

이번 호놀룰루에 머물지 못한 것이 어찌 분하고 섭섭한지 말할 수 없습니다. 호롤룰루에 여러 친구들이 심히 분하여 합니다. 머물기를 허락지 않는 이유는 미국에 머무는 기한이 지났다고 함이요. 내용은 허영호 사건으로 인하여 여러 가지 모험을 입었기 때문에 단소(團所, 흥사단)는 협잡하는 악한 기관이고 나는 그 기관의 괴수라고 하더랍니다. 이민국장이 나를 직접 대하여서도 1067 휘그로아는 아주 좋지 못한 곳이라 하고 나를 대하여 네가 안영호, 이옥성을 시켜 사람 넘기는 일을 하였다 하더니 이번에는 네 아내가 그 일을 다 주장하였다고 하더군요. 그대에게 대하여 애매하고 무례한 말을 하기 때문에 그 무례함을 책망하였으나 무슨 유익이 있겠습니까. 세상이 애매한 누명을 쓰는 일이 하나 둘 뿐이겠습니까.

나의 행리(행장)는 배에서 미리 운송회사에 맡겼다가 필지성이가 배에 와 이민국에서 허락을 아니한다 하기에 배 식당일 보는 사람을 보고 운송회사에서 짐을 가지러 오거든 아직 보내지 말라 하고 나는 상륙하였다가 배에 돌아온즉 운송회사는 짐을 다 가져갔으므로 배 떠날 시간은 임박하였는데 그것을 찾아가지고 오느라 여기에 한참 분주하였고, 그 행장 때문에 배가 얼마 지체하여 떠났는데 이불짐이라고 하는 한 뭉치는 올라오지 않기 때문에 추후로 부쳐달라고 하였습니다. 우스운 일입니다. 페고페고에서는 편지가 더디게 간다고 하므로 수바에 와서 부칩니다. 나흘 후면 시드니에 도착되겠습니다.

四二五九년 三月 十三일

Mrs. C,H, Ahn 106 n. Figueroa st. Los Angeles Calif. U.S.A.

98. 1926년 3월 23일

나의 사랑 혜련

그간 어떠하셨습니까. 나는 오늘 시드니에 도착하여 방을 정하고 중국 밥을 사먹고 돌아왔습니다. 오는 길이 평안하였고 내리는 데도 아무 장애가 없었습니다. 이곳 4월 14일에 떠나는 배가 있고 그다음에는 26일에 떠나는 것이 있다고 하니 잘 알아 보아서 작정하겠나이다. 이곳은 기후가 매우 좋습니다. 눈에 보이는 모든 것이 미국과 같이 화려하지 못하고 질박(質朴, 수수함)한 모양이 많습니다. 포도와 복숭아 등 과실이 지금 많습니다.

四二五九년 三月 十三일 당신의 사랑

Mrs. C,H, Ahn 106 n. Figueroa st. Los Angeles Calif. U.S.A.

99. 1926년 4월 12일

나의 사랑 혜련

이즈음에 몸이 어떠하며 집안이 다 어떠합니까? 아이들이 별 연고가 없는지요? 당신이 내 편지를 많이 기다렸을 줄 압니다. 편지를 써 보내더라도 선편이 없을 것을 알음으로 쓰지 아니하였고 내가 이달 14일에 홍콩으로 떠날 텐데 같은 날에 미국으로 가는 배가 있으므로 몇 줄 글을 써 보냅니다. 그동안 미주 소식을 전혀 모르니 참 궁금합니다. 이곳에는 내가 상륙한 후부터 늘 비가 열흘 동안이나 연하여 왔기 때문에 더욱 갑갑하게 지내다가 근래에는 일기가 매우 좋습니다. 나는 별 탈이 없었고 14일에 떠나서 22일 동안을 지나야 홍콩에 갈 수 있다고 합니다. 이곳은 기후와 경치가 아름답습니다. 이곳에 예수 부활절 박람회가 열렸기 때문에 매우 분주하였습니다.

四二五九년 四月 十二일 당신의 사랑

Mrs. C,H, Ahn 106 n. Figueroa st. Los Angeles Calif. U.S.A.

100. 1926년 4월 16일

나의 사랑 혜련

이왕에 작정한 대로 그저께 시드니를 떠나서 오늘 아침에 브리스베인 (Brisbane)이란 곳에 왔는데 오늘 저녁이나 내일 아침에 떠난다고 합니다.

四二五九년 四月 十六일 나의 사랑 혜련

101. 1926년 6월 12일

나의 사랑 혜련

지금에야 붓을 들고 당신께 편지를 쓰려고 하니 마음에 일어나는 감회가 복잡합니다. 두 번 준 편지를 잘 받았습니다. 당신이 그동안 정신과 물질로 고생한 것은 어찌 다 말씀할 수 있겠습니까. 나는 지난달 16일에 상해에 상륙하였습니다. 이곳에서 두 주일이 지난 후에야 남경을 잠시 다녀왔습니다.

나는 이번 바다에 떠나 올 때에는 특별히 집에 대하여 좋지 못한 꿈도 많았고 마음에 괴로움이 특별히 많더니 마침내 좋지 못한 소식을 들었습니다. 필선이가 죽지 아니한 것만 다행으로 여깁니다. 그러나 당신은 나를 보내고 고통으로 지내는 가운데 그런 놀람을 당하였고 겸하여 살아갈 것으로 곤란을 받는 여러 가지를 생각할수록 괴로울 뿐입니다.

이곳을 다시 와서 본즉 매질도 여러 번 났고 총소리도 나서 사람이 상하였으니 형편이 말이 못 되었고 정부를 유지할 것이 어렵게 되었습니다. 그런데 전에 왔던 국무령(國務領)이 가버렸고 그 대신 나를 국무령으로 뽑았더이다. 나는 의정원 사람들과 여러 번 말하여 국무령의 일을 요행히 모면하였고 여러 사람이 나를 보고 시국을 수습하여 달라고 함으로 불가불 아니 돌아볼 수 없으므로 그동안 분주히 주선하였으나 별로 잘되는 형편은 없고 상해가 전보다 조용은 하였습니다.

그동안에 밀정 사람을 쏘아 죽인 일과 일 영사관을 작탄(炸彈, 폭발하는 탄환)으로 친 일로 세 사람이 잡혀갔고 그 후로 이번 융희황제 장례 때 크게 폭동을 운동하려 상해에서 경성을 향하여 가다가 네 사람이 잡혀서 일 영사관에 갇혀 있다가 한 사람은 옥중에서 죽었기 때문에 내일 장례를 하기로 되었습니다. 그중에 세 사람은 자기 처자 둘이 상해에 있어 근근히 버티며 살던 터에 그처럼 가장이 잡혀가고 보니 그 가족들의 정상(형편)이 말이 아니고 그 중의 최병선 씨는 잡혀간지 얼마가 아니 되어서 그 딸이 병이 나서 죽었는데 그 모친은 음식도 아니 먹고 울기만 하니 잘못하면 죽거나 미칠 듯합니다. 마음이 아픈 것은 다 말할 수 없고 노백린 씨 부인과 아들이 또한 살 턱(방법)이 없이 눈물로 세월을 보내는 것을 보니 이것이 과연 남의 일 같지 않습니다.

 나는 상해에서는 조상섭 목사 집에서 있으며 식사도 그 댁에서 하고 남경에 갔을 때에는 김복형 군 집에서 먹었습니다. 내 몸에는 별 탈이 없고 분문(糞門, 항문) 옆에 몽아리 있던 것은 이틀 전에 쨌는데 흰 핏덩어리를 끄집어 냈습니다. 상해에 일을 좀 보아 주고는 북경으로 가려고 하며 일간 남경에 가서 학교 일도 돌아보아야 하겠습니다. 당신 고통 중에 서로 뜻을 가지고 스스로 위로하기를 바랍니다.

            四二五九년 六月 十二일 당신의 사랑

102. 1926년 9월 22일

나의 사랑 혜련

그동안 얼마나 고생하였습니까? 나는 이날 7일에 상해를 떠나서 이달 11일에 북경에 왔고 내일은 만주로 향해 가려고 합니다. 그동안 늘 분주히 지냄으로 속히 답장을 못하였습니다. 나는 당신과 자식들에 대하여 내가 할 의무를 못하기 때문에 심리의 고통이 떠나지 않으며 또는 미주에 있는 여러 친구의 신세를 너무 지게 되는 것이 황송합니다.

이럴 바에는 나라 일이나 죽기로 힘을 다하려고 하나 능력이 부족함을 한합니다. 내 몸은 매년 여름 더운 때에 여행을 많이 한 결과 퍽 약하여졌다가 지금은 좀 낫습니다. 당신이 태기가 있는 것을 아이들한테 편지하려고 하였으나 내역(내용)을 무어라고 말할지 하도 염치가 없어 못 썼나이다. 당신은 괴로움 위에 괴로움을 다하게 되었으니 멀리 있어 미안합니다.

아이 이름은 남자이면 필영이라 하고 여자이면 수경이라 하는 것이 좋을 듯합니다. 만일 당신의 뜻에 합당치 않으면 마음대로 지어주세요. 김창세 박사는 북경에서 반가이 만나서 이야기를 많이 하였습니다. 나는 편지를 자주 못하니 용서하고 당신은 내게 편지를 자주 주세요.

四二五九년 九월 二十二일 당신의 사랑

From C.H. Ahan 샾2 Woo-So-Hoo-tong Che-Hu-Loo Peking China

Mrs. C,H, Ahn 106 n. Figueroa st. Los Angeles Calif. U.S.A.

北京 北池子 騎河樓 五師胡同 二号 安械

103. 1927년 7월 1일

나의 사랑 혜련

당신이 나를 사랑하여 편지를 준 것을 늘 받아 보고 기뻐하여 느낌이 많았습니다. 그러나 나는 도무지 편지하지 아니하여 당신의 마음을 괴롭게 하였으니 참으로 미안합니다. 나는 처자에게 한 죄인이란 고통의 생각이 아직도 마음에서 떠나지 않습니다. 당신한테 편지를 쓰려고 하면 집안에 대한 생각이 더욱 일어나서 견디기 어렵습니다. 그러므로 붓을 들었다가 못 쓸 때가 여러 번입니다.

남들은 나더러 아들이 3형제, 딸이 2형제, 모두 5남매를 두었으니 참 복이 많다고 말합니다. 이 말을 들을 때마다 한끝으로는 부끄럽고 한끝으로는 괴로울 뿐입니다. 그간 당신의 심리상으로 육체상으로 아울러 고생됨이 많은 것이야 어찌 다 말씀할 수 있겠습니까, 나는 항상 여행 중에 있는데 거처와 음식과 풍속이 모두 미국 형편과는 아주 딴판이고 보니 고생이 아니 된다고 할 수 없으나 차라리 이보다 더 고생을 받아야만 마음이 도리어 평안하겠습니다.

필립이가 누구 수양아들로 가서 공부하면 어떠할까 하는 당신의 편지를 보고는 내 마음이 심히 괴로웠습니다. 내가 내 직분을 못하기 때문에 그러나 내가 공부를 시키지 못하는 바에야 다른 사람의 도움을 받아서라도 공부하는 것이 차라리 낫다고는 합니다. 그런데 필립이까지 집을 떠나서 그 남은 식구들이 어떻게 살아갈 것이 문제가 아니겠습니까? 필선의 몸이 어떠합니까? 수산과 수라도 별 탈이나 없는지요. 어린 것의 사진은 받아 두었습니다. 삼촌 댁과 영호의 집이 다 평안하며 임준기 군 댁과 차정석 군 댁도 별고가 없는지요. 김기만 씨는 참 불쌍합니다. 그 부인은 장차 어찌 하시려는지요. 경신의 몸이 어떠한가요. 한 번 다시 알려 주세요.

  나는 지난 겨울에 옥에 20여 일 동안 있을 때에는 특별 우대를 받았으니 별 괴로움은 없었으나 다만 이로 무는 것이 거북합니다. 옥에서 나온 후에 좀 분주히 지냈더니 몸이 약하여져서 어렵다가 지금은 그때보다는 많이 나은 셈입니다. 그동안 이곳저곳으로 피하여 다니다가 지금은 토지 시찰을 위하여 북만주의 몇 곳으로 여행합니다. 산으로 들로 다니다가 하얼빈에 들러서 쉬는 동안에 시간이 있기로 당신에게 편지를 써 보냅니다. 내일 떠나서 송화강 하류를 향하여 가겠습니다. 이 만주에 와서 사는 동포들의 불쌍한 정형(情形, 형편)은 차마 보기 어렵습니다. 당신은 아무리 곤란한 중에라도 마음을 크게 가지고 스스로 위로하시기 바랍니다.

                                  四二六十년 七월 一일 당신의 사랑

104. 1932년 1월 16일

나의 사랑하는 아내

당신이 친수(親手, 손수)로 써 보낸 편지를 받아 읽으니 반가운 생각이 있는 동시에 슬픈 마음도 많습니다. 나는 남편의 직분, 아비의 직분을 다하지 못하여 아내와 자식을 고생시키는 것을 생각하면 마음이 심히 괴롭습니다. 필선까지 공부를 못한다 하니 더욱이 괴롭고 부끄럽습니다. 나는 당신을 무엇으로 위로할 것인지 생각이 막연합니다.

내가 일찍이 우리 민족에게 몸을 바치고 일하노라고 집을 돌아보지 아니 하였으나 민족에게도 크게 공헌한 것이 없으니 두루 생각할수록 죄송한 것 뿐입니다. 그렇다고 이제 하던 일을 버리고 집을 돌아볼 수 없는 것은 당신도 잘 이해할 줄로 믿습니다. 내가 일찍 모든 것을 희생하고 우리 민족을 위하여 일하기로 작정한 지 오래였고 가정의 행복을 희생한 지 오래였을 뿐더러 당신도 우리 민족을 위하여 희생을 당하는 바이라 이미 혁명을 위하여 모든 것을 희생하기로 작정하고 오랫동안 달게 여겨 온 바에 이제 어떤 고통을 받든지 어찌 원망할 것이 있겠습니까. 나는 더욱이 여러 동지와 동포에게 빚 진 것이 많고 지금은 늙었으니 다시는 집이나 무엇이나 사사로운 일을 돌아볼 여지가 없고 오직 혁명을 위하여 최후로 목숨까지 희생할 것을 재촉할 것 뿐입니다.

당신은 아이들에게까지도 혁명의 정신을 넣어주기를 힘쓰세요. 금년 안으로 미주에 건너가려고 하나 아직은 확정하기 어렵습니다. 나의 몸은 좀 쇠약하나 특별한 병은 없으니 염려 마세요. 김 박사 집 아이들은 홍역을 합니다.

四二六五년 一月 十六일 도산

105. 1932년 5월 27일

나의 사랑하는 아내 혜련

내가 일평생에 당신에게 위로와 기쁨을 준 것이 없었고 이제 느즈막에 와서 근심과 슬픔의 재료를 주게 되오니 당신을 대하여 미안함이 끝이 없습니다. 당신뿐만 아니라 당신 이외에 나를 위하여 우려하는 여러분을 향하여 더욱 미안합니다. 그러나 과도히 근심하지 마세요. 나와 같은 길에서 걸어 가다가 나보다 먼저 철창 밑에서 고생한 사람이 얼마입니까. 이제 내가 이만큼 고생을 받는다고 특별히 슬퍼하고 한할 일이 무엇입니까?

다만 나의 과거를 돌아보건대 무엇을 한다는 것이 모두 위명(僞名, 속이는 거짓 이름) 뿐이었고 실지로는 아무것도 이룬 것이 없이 공연히 여러 사람에게 근심만 끼치게 되었으니 이것을 위하여는 스스로 부끄러워하고 스스로 책망함을 마지 아니합니다.

그러나 당신은 당신의 남편이 살인이나 강도범으로 이 경우에 처하지 아니한 것만을 생각하고 스스로 위로하시기 바랍니다. 필립의 부탁을 받고 와서 방문하는 미국 영사도 만나보았고 당신이 단식하지 말라고 권고한 전보도 받았습니다. 그 전보를 받고 당신의 지극한 사랑을 비상하게 느꼈습니다. 당신의 부탁이 없더라도 내가 그러한 이치에 어긋나는 행동을 할 뜻이 없는 바이고 당신의 부탁을 또 존중할 터이니 조금도 염려하지 마세요.

앞으로 나 자신에 관한 모든 것을 자연에 맡기고 스스로 안심양기(安心養氣, 마음을 편히 하고 기운을 북돋움)를 공부하여 이 시간으로써 휴양하는 시간을 지내려고 합니다. 장차 조선에 돌아가서는 어떠한 형편을 당할것인지 알 수 없을 뿐만 아니라 무례한 말도 들은 일이 없었고 도리어 너그러운 대접을 받았습니다. 이곳에서 특별히 치과 의사를 청하여 이를 고쳐 주었고 담배도 특별히 허락하여서 하루 세 번씩 식후에 피웠습니다. 그 밖에도 편의를 줍니다. 음식과 거처가 내게는 부족하다고 할 수 없습니다. 이곳 간수들이 다 친절하게 대접하며 동정합니다.

이즈음에 내가 날마다 지나는 과정은 대개 아침마다 세수하고 방을 소제한 후에 20분 동안 동맹운동을 하고 30분씩 세 번 정좌하고 그 나머지는 독서와 실내 산보 등으로 시간을 보냅니다. 앞으로도 나의 지내는 형편을 정직하게 기록하여 보낼 터이니 신문상이나 바깥소문을 듣고 놀라지 마세요.

당신께 부탁할 말씀은 나를 위하여는 조금도 염려하지 말고 필립과 영호와 의논하여 필선으로 하여금 완전한 전문 지식을 가지도록 공부하게 하세요. 아이들은 너무 구속하지 말고 자유를 많이 주세요. 잘못하면 자식들이 덧나기 쉽습니다. 산업을 경영하고 모은 돈을 헤치거나 달리 소비하는 데 쓰지 말고 그 정한 방침대로 산업에 쓰게 하세요.

중국 돈 60원을 정실(안창호의 처제)에게 보내어 취하여 빌려 쓴 돈을 물게 하고 의사의 치료비를 정실이가 기별할 터인데 만일 집에 돈이 부족하면 송군한테 말씀하세요. 이만 그칩니다.

五月 二十七일   당신의 남편

106. 1932년 6월 19일

나의 사랑하는 아내

상해 일본영사관에서 편지한 것을 보셨기 때문에 긴 말씀을 아니 하겠습니다. 이달 초 7일 조선 경성에 와서 경기도 경찰부에 유치되었습니다. 이곳 경관들이 특별히 동정하고 우대하기 때문에 매우 편히 지내고 또는 내 평생에 과격한 행동이 직접 간접 간 도무지 없었으므로 오래지 아니하여 나올런지도 모르겠습니다. 부탁할 말씀은 당신이나 누구든지 조선에 오지 마세요. 장차 내가 나온 후에 서로 만날 것을 경영하겠습니다. 아무쪼록 안심하세요.

六月 十九일 당신의 남편

107. 1932년 10월 14일

나의 사랑하는 아내 혜련, 그동안 나를 위하여 얼마나 근심하며 고통으로 지내고 있습니까? 내가 상해에서와 경성에 온 후에 보낸 편지를 다 받아 보았는지요, 나를 위하여 과히 염려하지 마세요. 지금의 조선 형편은 당신이 미주에 있어 전부터 생각하던 형편과는 많이 다릅니다. 악형(惡刑)을 하거나 무엇을 억지로 하는 일이 없고 구류한 옥도 옛날 것과 같이 아니하여 편히 있고 의복과 음식을 다 밖에서 들여오기 때문에 부족한 것이 없습니다.

내가 있는 곳은 독립문 밖 무악재 밑인데 풍경과 공기가 매우 좋습니다. 내가 죽기 전에 한 번 당신을 위로하고 자식들에게 사랑을 베풀어 보기 위하여 건강에 많이 주의합니다. 아무 근심 말고 기다리세요. 시간이 빨리 가고 있습니다. 벌써 반년은 다 갔습니다. 조선에 있는 친족들과 친구들이 정성으로 돌아보고 관리들도 많이 동정하니 실로 괴로움이 없습니다. 당신은 아이들과 데리고 평안히 지내시고 아이들의 감정이 상치 않도록 주의하세요. 미주에 있는 친족들과 이웃이 특별히 친애하고 화기롭게 지내기를 멀리 빕니다.

1932년 10월 14일

108. 1933년 6월 1일

나의 사랑하는 아내 혜련

(수산이가 이 선생께 편지한 말을 듣고 기뻐하였다고 하세요.)

당신이 경성 서대문형무소로 두 번 보낸 편지를 다 반가이 받아 보았습니다. 이 형무소의 법규가 두 달에 한 번씩 편지하는 법인데 다른 곳에 편지하는 때에는 당신한테는 편지를 보내지 못하게 됩니다.

이왕에도 말하였거니와 내가 평생에 당신에게 기쁨과 위안을 줌이 없었고 이제 느지막에 와서 근심과 슬픔을 주게 되오니 불안한 마음을 측량할 수 없습니다. 더욱이 가사와 아이들에 대한 모든 시름을 혼자 맞게 하니 미안하고 미안합니다. 내가 조용한 곳에 홀로 있어 평소에 그릇한(잘못한) 여러 가지 허물을 생각하고 한탄하는 중에 남편의 직분과 아비의 직분을 다하지 못한 것이 또한 스스로 책망하는 조건입니다. 또는 당신 이외에 미국에 체류하는 여러 친구와 동포들이 나를 동정하여 걱정들 하심에 대하여 황송합니다.

그간에 집안에 별고 없으며 삼촌댁과 영호 동생 부부와 아이들이 평안하고 여러 친구들이 다 태평합니까? 여러 곳에 각각 편지하지 못하니 당신이 대신 문안하여 주소서. 차군과 혼인에 대하여 기뻐 축하옵니다. 아주머님이 정 목사 편에 미화 10불(선 돈으로 40원) 보내신 것을 감사하다고 말씀하여 주세요. 나는 경성 서대문형무소에 있을 때에도 지난 겨울 특별히 추울 때에 얼마 동안 추위에 곤란을 다소 받았으나 다른 괴로움을 받은 것이 별로 없었는데 지난 3월 28일에 이 대전형무소에 이전하여 온 후로 더욱 평안히 지내오니 나를 위하여 근심하지 마세요.

유숙(留宿, 머무르는)하는 감방도 매우 정결하고 광선과 공기가 잘 통하며 음식도 비록 간단하나 매우 정결하고 매일 삼시로 더운 햇밥을 주니 위생에 합당하고 구미에도 맞아서 잘 먹습니다. 또는 경성이나 이곳에서 다 아직 괴로운 별 사건을 당함이 없었습니다. 당신의 개성이 본래 겁나(怯懦, 겁내고 무기력함)하지 않고 담대한 바 내가 이 경우에 처한 것을 위하여 근심하지 말고 모든 것을 자연에 맡기고 집안일을 돌아보며 아이들을 교양하는 데 수고하는 것으로 낙을 삼으세요.

당신이 만일 수심하는 빛을 늘 띠고 있으면 집안에 화기가 없어지고 따라서 아이들의 신체 발육과 정신 발달에 큰 영향을 줄 터이니 내게 관한 모든 것은 아주 없어진 양으로 일소하여 버리고 가정에 유쾌한 공기와 아이들의 활발한 기상을 만들기로 주의하세요.

당신이 30여 년 전 즉 청년 시대에 샌프란시스코 파인스트리트(Pine Street) 일인(日人) 보딩 하우스(Boarding House)에서 나의 장래를 예언한 것을 기억합니까? 또는 9년 전에 미주에서 작별할 때에 이번 작별은 무슨 작별이라고 말씀한 것을 기억하겠지요. 그런즉 당신은 그리 놀라거나 슬퍼하거나 할 곳이 없이 탄평(坦平, 편안한)한 마음으로 자녀들을 교양함에 전심하세요.

내 친구 중 나보다 먼저 세상을 작별하고 간 사람이 얼마입니까? 나에게 남아 있는 운명은 알 수 없으나 설혹 옥에서 목숨을 마친다 하여도 한할 것 없습니다. 나는 나의 장래는 자연에 맡기고 다만 평소에 지은 죄과를 모두 참회하고 심신을 새로이 단련하여 옥에 있거나 밖에 있거나 어디서든지 남아 있는 적은 시간을 오직 화평한 마음으로 지내려고 스스로 준비하고 힘씁니다. 당신께 몇 가지 말씀할 것은

一, 아이들 혼인에 대하여 필선은 아직 문제가 안 될 것이고 수산과 수라의 혼인이 염려됩니다. 미주 우리 사회에 혼인의 문이 넓지 못한바

실제로 혼처를 구하기 곤란할 것입니다. 그러나 그 또한 형세(形勢)에 맡길 수밖에 없습니다. 당신이 잘 감독하는 밑에서 저희들이 자유로 선택할 터인데 아이들에게 선택할 지식을 먼저 지도하여 주세요. 특별한 사람을 구할 것이 없고 직분을 존중히 하고 직업을 사랑하는 근실한 사람이면 만족할 줄로 아세요. 그 중에 필립의 혼기가 넘어 늦은 것이 유감입니다. 그러나 이미 늦어진 바에야 좀더 기다리는 것이 좋을 듯합니다. 내가 만일 죽지 않고 나가게 되면 내가 나가서 주선하는 것이 나을까 합니다. 내가 나갈 형기가 1936년 11월 6일인즉 앞으로 3년 5개월이 남았나이다. 3년 시간이 잠깐 갈 터이니 기다림이 좋을까 합니다.

一, 집안 생활에 대하여는 본래도 곤란한데 지금 특별히 불경기의 시기에 처하여 여북(얼마나, 오죽) 곤란하리요. 그러나 이것도 평생을 받아오는 바 견디는 힘이 다른 사람보다 나을 것입니다. 다만 주의할 것은 필영이를 제외한 네 아이는 무엇을 하든지 거리에 나가 신문지를 팔더라도 죄다 1전씩의 벌이라도 버는 일을 실행케 하고 이 불경기의 시기를 이용하여 절용(節用)을 공부하게 하세요.

一, 필립이가 장사를 못하고 남에게 고용하는 바에 할 수 있으면 그곳 포드자동차 회사에 상당한 짭(일자리)을 얻어서 일하는 것이 좋을 듯합니다. 이것은 장래에 동양으로 건너와 살 경우에는 동양에 있는 그 회사의 일을 얻어 가지고 와서 살기에 용이할까 함입니다. 그 애 외삼촌 두성 군은 매일 5원씩 받고 그 포드회사에서 일함으로 돈을 저축하면서 잘 지냅니다.

一, 윤진오 군이 필립과 같이 무슨 영업을 하기 위하여 자본을 보내라 하였는데 그것을 시행치 못한 것이 미안합니다. 그러나 지금 미국 돈과 동양 돈이 엄청나게 가계가 되는 (환차가 나는) 때에 동양에 있던 돈을 미국으로 가져가면 여간한 큰 손실이 아니니 그 돈은 아주 없어진 셈치고 가다려서 미국과 동양의 경제 융통의 형세가 원상태로 된 뒤에 이러나 저러나 하여야 하겠고 또 그 돈에 대하여는 추호도 염려하지 마세요.

一, 필선의 수학을 원조하신 단소(團所, 흥사단) 여러분께 감사한 뜻을 대신 말씀하시고 저금 동맹을 다시 실행하기로 힘쓰기를 원한다고 하세요. 내 손으로 당신께 다시 고하옵는 말씀은 인생이란 것이 본래 장생불사(長生不死)하는 물건이 아니고 누구나 한번 났다가 한 번 죽는 바요. 또 사는 동안이 매우 짧은 것입니다. 내나 당신이 다 인생이 하나로서 세상에 와 있는 동안 잘 지냈거나 못 지냈거나 삶의 시간이 거의 다 지나갔고 이제 남은 것이 많지 못합니다.

이 외에도 말하였거니와 나는 나의 지나간 역사의 그릇된 자취를 더듬어 보고 양심에 책망을 받음으로 비상한 고통을 때때로 받았습니다. 그러나 그것이 다 지나갔으니 후회막급으로 생각하여도 별 도리가 없습니다. 그런 즉 지나간 모든 것은 다 끊어 보내어 버리고 오직 남아 있는 짧은 시간을 어떻게 보낼까 함입니다.

옛날 그릇된 자취를 다시 아니 밟겠다는 결심은 물론이지마는 새로 밟아 갈 것이 무엇일까 함입니다. 아무 별것이 없고 오직 사랑뿐입니다. 사랑 이것이 인생이 밟아 나아갈 최고 진리입니다. 인생의 모든 행복은 인류간 화평에서 오고 화평은 사랑에서 나기 때문입니다. 우리가 실지로 경험하여 본 바 어떤 가정이나 그 가족들이 서로 사랑하면 화목하고 화목한 가정은 행복의 가정입니다. 그와 같이 사랑이 있는 사회는 화평의 행복을 누립니다. '사랑'을 최고 진리로 믿고 사랑을 실행하는 사람의 사랑으로 인하여 가정이나 사회에 화평의 행복이 촉진될 것은 물론이거니와 가정보다 먼저 사회보다 먼저 사랑을 믿고 사랑을 품고 사랑을 행하는 그 사람 자신의 마음이 비상한 화평 중에 있으므로 남이 헤아리지 못할 무상(無上)한 행복을 받을 것입니다. 그런즉 내나 당신이 앞에 남아 있는 시간에 우리 몸이 어떤 곳 어떤 경우에 있든지 우리의 마음이 완전히 화평에 이르도록 '사랑'을 믿고 행합시다.

내가 이처럼 고요한 곳에 있어서 여러 가지로 생각한 결과 오직 '사랑'을 공부할 생각이 많아지는 동시에 이것을 당신에게 선물로 줄 마음이 있어서 '사랑' 두 글자를 보내오니 당신은 당신의 사랑하는 남편이 옥중에서 보내는 선물을 받아 가지고 우선 집안 자녀들을 평일보다 특별히 사랑하는 화평의 기분으로 대하며 삼촌 댁과 사촌집 친족들이며 그 밖에 친구들한테 평시 감정을 쓸어버리고 오직 사랑으로 대하기를 시험하세요. 효과가 곧 날 것입니다. 그리하여서 어떤 사람에게든지 자비의 정신을 품고 대하기를 공부하여 보세요.

말이 너무 길어짐으로 그만 그칩니다. 아이들한테서도 자주 편지하고자 하나 형편이 허락지 아니합니다. 아이들 보고 싶은 마음은 평시보다 더욱 간절합니다. 그중에 필영이 생각이 더 많습니다.

1933. 육. 일, 당신의 남편

109. 1934년 1월 27일

나의 사랑하는 아내 혜련

아이들을 데리고 새해를 잘 맞았나이까? 멀리 있어 당신의 금년에 만복을 빕니다. 나는 비록 독방에서 과세하였으나 웬일인지 나도 깨달을 수 없이 별로 화평한 심리를 가지고 유쾌히 과세하였습니다.

당신이 보낸 편지를 지난 11월에 받아서 반가이 보았습니다. 그때는 편지할 기한이 아니므로 곧 답장하지 못하고 지금 비로소 발신 허가를 얻어서 몇 줄 글을 보냅니다. 그동안에 매우 궁금하였을 줄 압니다. 이곳 규칙이 두 달에 한 번씩 통신하옵니다. 당신의 편지를 여러번 읽었습니다. 그만큼이라도 집안 생활을 유지하여 가고 더욱이 아이 다섯이 대학, 중학, 소학으로 다 학교에 다니는 것을 기뻐하였습니다.

필립이가 집안 살림을 맡아 하면서 공부를 겸하여 하는 그 마음이 매우 좋은 것을 생각하고 기뻐합니다. 아이들은 그만큼이라도 당신의 뜻을 과히 어기지 않고 당신은 그 아이들을 쳐다보고 위로를 받아 집안에 화기를 보전하니 멀리 옥중에 있는 몸이지마는 마음으로 집을 생각하고 위로가 많이 됩니다. 내가 이처럼 단순하게 지내는 이 때에 복잡하게 지내던 평시보다 당신과 아이들을 생각하는 심정이 몇 층 더 간절합니다. 나는 왜 아무 것도 한 것이 없이 일평생에 가정의 단란(團欒, 즐거움)을 못 보고 이처럼 늙었는가 하는 한탄도 없지 아니합니다. 앞으로 당신을 위로하고 아이들을 사랑할 기회가 열리기를 바라고 빕니다.

나의 지내는 형편은 항상 평안합니다. 구류(拘留, 잡아 가둠)당하던 날부터 오늘까지 1년 9개월 동안에 육체와 정신 두 방면으로 연단을 많이 받았습니다. 점점 습관에 익어서 괴로운 것을 편히 감당할 수 있습니다. 이 형무소에서 독방에 있는 죄수들에게 동정을 많이 하고 금년 추위에도 여러 가지로 방한케 하여 줌으로 작년보다 낫게 지내니 이곳에 와서 있게 된 것이 적지 않은 다행입니다. 무엇보다도 심령 상으로 크게 유익을 얻는 것이 많으니 이것이 다행입니다.

　일전에 진남포 매부가 와서 면회하였는데 여러 댁이 다 평안하다고 하더이다. 그 동안에 형님, 형수, 누이, 맥결, 성결, 봉호, 사촌 여러 친족들이 다 와서 면회하곤 합니다. 그 이들의 시간과 금전의 손실도 불소(不小)합니다. 맥결과 봉성의 결혼 예식은 오는 3월에 한다고 합니다. 하고 싶은 말은 많으나 그만 그칩니다. 당신에게 화평한 복을 빕니다.

一九三四년　一月　二十七日　당신의 남편

From C,H, Ahn Dai Chun Korea

Mrs. C,H, Ahn 106 no. Figueroa st. Los Angeles Calif. U.S.A.

米國　加洲　羅城　安昌浩,　朝鮮京釜線　大田邑　大田刑務所　內　安昌浩

110. 1934년 4월 9일

　2월 23일에 부친 당신의 편지를 반가이 받아 읽었습니다. 아이들이 그처럼 병없이 잘 자라며 공부의 성적이 다 양호하고 행실이 다 선량하니 마음의 위로를 가집니다. 다만 당신이 혼자서 무거운 짐을 짊어지고 나아가는 것을 생각하고 항상 미안한 뜻이 없지 못합니다. 그런데 당신의 편지에서 골몰하고 분주하다는 구절을 읽을 때에는 더욱 찔리우는 고통을 금할 수 없습니다.

　이것은 당신이 홀로 곤란을 무릅쓰고 아이들을 거두기에 애쓰는 것을 애석히 여기는 동시에 나의 직분과 책임을 다하지 못한 것을 스스로 책망하는 때문입니다. 그러나 나의 과거를 돌아보면 무엇무엇을 한다고 하였으나 오늘에 와서 실지로 거둘 것이 없음을 볼 때에 때때로 일어나는 자탄(自嘆, 스스로 탄식함)과 자책의 고통을 스스로 억제하기 어렵습니다마는 당신이 고생한 것은 하나도 땅에 떨어지지 않고 참스러운 열매를 거두게 되었으니 당신은 곤란한 중에서라도 위로와 기쁨을 가지시기 바랍니다.

　내가 지난 2월에 은사로 1년 감형을 받은 소식을 이미 듣고 기뻐하였을 줄 믿습니다. 내가 가장 견디기 어려워하는 추위는 다 지나갔고 양춘의 따스한 바람이 불어옴으로 평안한 행복을 누리고 있습니다. 앞으로 한 추위만 무사히 보내면 되겠으니 서로 만날 시간이 멀지 아니합니다. 맥결이는 김봉성 군과 3월 1일에 결혼식을 지내고 지난 달 중순에나 함께 왔다가 갔습니다. 여러 집이 다 평안하다고 합니다.

　수산이가 대학을 마친 후에 상당한 곳에 혼인하였으면 좋겠으나 중대한 혼인은 억지로 못할 것이니 그것을 자기 자유에 맡기고 과히 근심하지 마세요. 다만 혼인의 시기를 넘기면 앞에 곤란이 있을 것과 너무 높은 인격자를 희망하지 말고 직분을 소중히 하고 직업을 즐거워하여 자립자존할 능력과 사회에 봉사할 덕량이 있는 한 평범한 사람을 택하는 것이 가(可)한 뜻으로 늘 지도하여 주세요. 내가 나간 후에 그 애 혼인을 위하여 많이 주의하겠습니다. 우강께 특별히 몇 말씀을 전하여 주세요,

一, 내 집 아이들에게 대하여 항상 물질과 정신을 아울러 허비하여 거두어 주는 은혜를 얼마나 감사한다고 할는지 보답할 길이 막연하다 하고

二, 우강의 지금 하여 가는 상업에 별 손해가 없고 다소 이익이 있으면 아직 동하지 말고 그냥 붙들고 나아가기를 바란다 하고

三, 상해은행에 임치(任置, 금전이나 물건을 맡겨둠)한 돈은 언제든지 돈 가계(환율)가 전날과 같아지기 전에는 천동(遷動, 옮김)하지 말기를 바란다 하고

四, 필립이가 비록 개성상 맞지 않는 점이 있으나 너그러이 용납하고 잘 지도하여 후릇 스탠드(Fruit Stand)를 하더라도 한 상업자의 자격을 가지게 하고 할 수 있으면 우강과 동사(同事, 동업)하는 형식을 가지게 되면 좋겠다고 하고

五, 미국에서 낡은 자동차를 사서 원동(遠東)에 옮기여 수리하여 파는 상업이 매우 유리하다고 생각하니 이것을 실제로 조사 연구하기를 바란다고 하고

六, 전에 곽군이 주창하던 소다 워터(SODA WATER) 제조 문제를 심상시할 것이 아니고 상당히 연구할 가치가 있다고 생각하니 이것을 특별히 유의하여 연구하기를 바란다 하고 (제조창 시설 방법과 자본이 얼마나 될 것)

七, 남미주의 재래 동양 의약을 발전시킬 희망이 있을는지 홍 군에게 알아보기를 바란다고 하세요. 오스트랄리아에서는 동양 의약으로 업을 잘하는 중국 사람들을 보았습니다.

편지가 너무 길어지기 때문에 그치렵니다. 미주에 있는 여러 벗들은 한때 불경기에 곤란을 받는다고 하여 낙심하지 말고 경제 방면에 더욱 분투하기를 바랍니다. 이것을 떠나서 무엇을 생각하는 것은 바람잡이와 같은 것을 잊지 아니하여야 할 것이라고 말씀하세요. 당신에게는 전날에 말한 바와 같이 사랑의 덕량을 확충함으로 항상 화평한 행복을 누리기를 바랍니다.

四月 九日 당신의 남편 안창호

米國 加洲 羅城 李惠鍊 女史

Mrs. C,H, Ahn 106 no. Figueroa st. Los Angeles Cal. U.S.A.

朝鮮大田府 大田刑務所 內 安昌浩

111. 1934년 8월 5일

나의 사랑하는 아내 혜련

당신의 편지가 올 만한 때에 오지 아니하므로 집안에 무슨 별고가 있는가 하여 매우 궁금하게 지내다가 6월 25일에 보낸 당신의 편지를 받아 보았습니다. 그런데 필영의 팔이 얼마나 상하였으며 장차 어찌 될 것 같습니까?

그 애가 써서 보낸 글 가운데 '아이 해브 어 뿌로큰 암'(I have a broken arm)이라고 쓴 것을 보고 매우 놀라고 마음이 심히 괴로웠습니다. 그저께 봉성 군이 면회하러 왔기로 필영의 팔이 상한 소식을 아는가 한즉 김군의 말이 '송종익 군이 내게 편지하였는데 필영이가 그라지(Garage, 차고)에서 떨어져 팔이 상하여진 것을 의사에게 치료를 받아 잘 나았다 하였으니 염려마세요.' 하기로 마음이 다소 풀리는 듯하더니 편지를 다시 상고하여 본즉 팔이 나았으나 아직 펴지는 못한다는 구절이 있으니 팔이 병신된 것이 분명합니다.

마음이 매우 민망합니다. 좀 자세히 알기를 원합니다. 그것을 당할 때에 당신이 얼마나 놀랐으며 얼마나 상심하였습니까? 당신이 그동안 편지 아니하는 것과 이번에 보낸 편지도 당신이 친히 쓰지 않고 다른 이가 대서한 것을 보더라도 매우 상심 중에 있는 것을 알겠습니다. 애지중지하던 어린 것이 그처럼 팔이 상하였으니 어찌 마음이 상치 아니할 수 있었을까요. 그 팔이 만일 완쾌치 아니하면 일평생에 애처로운 한을 면할 수 없을 것입니다.

그러나 당신은 마음을 진정하여 뜻을 화평스럽게 하세요. 상심은 감정상 금하기 어려우나 그러나 그냥 상심으로 지내면 팔이 상한 어린 것에게 아무 유익을 줄 것이 없고 다만 집안에 화기가 없어짐으로 아이들 발육상 도리어 손해를 줄까 염려합니다. 지금이라도 완쾌하도록 더 치료를 시켜 보고 설혹 불완전하더라도 교양을 특별히 잘 시켜서 장래 활동력이 남보다 떨어지지 않게 하도록 힘씁시다. 그애 이모가 지금에는 팔을 쓰는 것을 보면 필영의 팔도 잘 발육될 듯합니다. 김 박사가 세상을 떠난 것과 그러므로 당신의 아우가 많은 아이들을 데리고 과부의 생활을 할 것과 그 밖에 무엇무엇 등 여러 가지 근심할 것을 생각하면 한정이 없는 근심과 슬픔이 있을 것입니다. 당신이 배게에 적시어지는 눈물이 내 눈에 선하게 보입니다. 그러나 당신은 마음을 든든히 하여 화기를 보전하세요. 이 세상에 본시 고와 락이 섞여 있는 곳이라 고가 오나 락이 오나 순응할 수밖에 없습니다.

단소 여러분과 영호, 임준기, 이재수, 경신, 삼촌, 여러 집 형편이 어떠하며 최능익 군이 병 후에 건강과 생활이 어떠합니까? 또 신광희 군의 소식도 알기를 원합니다. 영호의 식구까지 합하여 전 가족의 사진을 정식으로 잘 박아 보내면 반가히 보겠습니다. 내가 먼저 번에 편지할 기한 때에는 성결에게 편지하므로 당신께 편지하지 못하였고 성결이 보고 소식을 전하라고 하였었습니다. 이 다음 기한에는 순길이 모친에게 편지를 보낼까 하나 어찌될는지 모르겠습니다. 편지를 기다리지는 마세요.

나는 아직도 몸져 누워서 앓은 일이 없고 추위와 더위를 다 잘 감당하여 왔으니 다행이고 다시 새로 하여 넣은 틀니도 이전 것보다 낫게 되었으니 또한 다행입니다. 앞에 남아 있는 1년 3개월이 그리 멀지 아니하니 다만 한 추위 한 더위만 지나면 될 터. 나를 위하여는 아무 근심도 하지 말고 집안이 늘 화락한 가운데 있기를 멀리 빕니다.

추신 : 이왕에 차 부인이 의사의 치료 받았다는 상한 팔을 펴지 못하는 것을 내가 주물러서 펴 준 것을 기억하겠지요. 필영이 팔도 다시 치료시키되 뼈의사에게.

八月 五일　당신의 남편

米國 加洲 羅城 李惠鍊 女史

Mrs. C,H, Ahn 106 no. Figueroa st. Los Angeles Calif. U.S.A.

朝鮮大田府 大田刑務所 安昌浩 付

112. 1934년 10월 1일

나의 사랑하는 아내 혜련

당신의 지난달 5일에 보낸 편지를 그저께 반가이 받아 보았습니다. 필영이가 그처럼 병신이 되지 않았다니 마음이 놓이고 당신의 마음이 늘 화평하다니 기뻐합니다. 이번에는 순길의 모친에게 편지를 보내려 하다가 무슨 말을 할는지 생각이 막막하여 그만두었습니다. 당신이 지금 혼자서 여러 아이들을 데리고 지내는 데 곤란함이 많지만 잘 참고 그것을 낙으로 삼고 지내니 고맙습니다. 머지 아니한 장래에 좋은 열매를 거두면서 즐거워하겠나이다.

나는 지금도 전과 같이 별고 없이 지나니 아무 염려하지 마세요. 바쁘지마는 이 다음 편지를 보낼 때에 몇 친구들의 안부를 알려 주세요. 신광희, 이재수, 임치호, 제시아 다 어떻게 지냅니까? 심원택 씨 부부 양위가 다 평안한지 이이들을 보내어 특별히 문안하고 옥중에서 늘 생각을 많이 한다고 하세요. 전낙청, 안석중 늙은 친구들에게 안부를 묻는다고 하세요. 이렇게 깊이 들어앉아 있으니 옛날 친구들을 생각하는 감회가 많아집니다.

十月 一日 당신의 남편 창호

米國 加洲 羅城 李惠錬 女史

Mrs. C,H, Ahn 106 no. Figueroa st. Los Angeles Calif. U.S.A.

朝鮮忠南大田府 大田刑務所 安昌浩

113. 1934년 12월 9일

 당신한테서 편지가 올 만한 기한에 오지 아니하니 궁금합니다. 그동안 집에 무슨 병고가 없이 잘 지내는지요. 나는 전과 같이 별고가 없고 지금은 전보다 편의한 대우를 받아서 있는 방도 넓고 통신과 면회도 매월 일차씩이고 속옷도 한 가지를 더 입게 하니 다행입니다.

 이제는 만기가 불과 11개월이니 당신은 평안한 마음으로 아이들을 데리고 잘 지내세요. 내가 이번에는 가사를 힘써 돌보아서 당신을 위로하고자 합니다. 당신으로 더불어 아이들을 데리고 가정 단란(團欒)을 하여 보겠다는 생각이 전보다 간절합니다. 내가 이번에 고난은 받았지만 그 대가로 그립던 조선 땅을 마음대로 밟아 보게 되었으니 한편으로 기쁘기도 합니다. 모든 친족과 친구들은 다 조선에서 같이 살기를 원합니다.

十二月 九日 창호
米國 加洲 羅城 李惠鍊 女史
Mrs. C,H, Ahn 106 no. Figueroa st. Los Angeles Cal. U.S.A.
朝鮮大田府 大田刑務所 安昌浩

114. 1936년 8월 7일

나의 사랑하는 아내 혜련

당신이 수산, 수라, 필영을 데리고 나를 찾아온다는 필립의 전보를 갑자기 받고 이것이 꿈인가 생시인가 하고 형언할 수 없는 느낌을 금할 수 없었습니다. 오랫동안 그립던 당신을 만날 것도 반기려니와 나의 사랑하는 딸들과 어린 필영을 볼 것을 생각하고 더욱 기뻐하였습니다. 그 전보를 읽어 보고 또 읽어 보면서 처음에는 기뻐할 뿐이었고 얼마 후에는 당신과 아이들이 조선에 돌아온 후에 장차 어찌할꼬 하는 고려(考慮)가 생기는데 속히 판단할 수 없기 때문에 편지로 서로 의논하여서 작정하려고 기다리라는 전보를 보냈습니다.

당신과 아이들이 조선에 들어와야 될 것으로 말하면 첫째는 수산, 수라가 조선에 와서 조선 사정을 공부하여 가지고 조선 사회에 유익한 일을 하게 할 것이요. 둘째는 수산, 수라가 조선에 와서 많은 남자 중에서 배필을 선택하게 할 것이요. 셋째는 필영이 하나는 동양에서 교육을 받게 할 것이요. 넷째는 당신이 나이 점점 많아 가는데 생활비가 적게 드는 조선에서 안정된 가정생활을 하다가 여년을 마치는 것이 좋을 것입니다.

이것들보다도 나와 당신이 이름은 부부라고 하나 일평생에 가정 단란의 생활을 하여 보지 못하였는데 이제 늘그막에나 아이들을 데리고 한 집에 모여 고락을 같이하여 보는 것이 중정에 막을 수 없는 원입니다. 내가 이따금 친구들하고 말할 때에 나는 늙어가면서는 아내가 지어주는 음식의 맛이 더 있다고 말하였거니와 과연 당신의 손으로 지어주는 밥을 먹고 싶은 생각이 간절합니다.

그런데 고려할 것은 무엇인고. 첫째는 생활문제요. 둘째는 특수한 환경문제입니다. 생활문제로 말하면 당신이 잘 아는 바 내가 직접으로 아무 생산하는 것이 없고 친구들의 도움으로 지나는데 내가 귀국한 후에 여러 친구들이 많이 동정하여 혹은 차표를 사서 주는데 분수 밖에 2등차를 타고 평안히 다니고 혹은 여비로 용비로 두터이 주어서 매우 편하게 잘 지냅니다.

그러나 마음에는 한갓 불평을 가지게 됩니다. 이것은 내가 무엇이기에 이렇게 남들에게 과분한 동정을 받는가? 내가 무엇을 하였기에 남들에게 이렇게 폐를 끼치는가 하고 양심의 가책을 받게 됩니다. 지금 내 일신만이 남을 의뢰하여 지나가는 것도 불가한데 지금 내가 아직 자력으로 살아갈 방도를 세우지 못한 이때에 당신과 아이들이 조선에 들어오면 내 가족 생활까지 남을 의뢰하게 될 터이니 이것은 감당할 수 없는 것이라 하여서 당신이 오는 것을 고려하게 됨이요. 또는 지금 필립이가 수입이 전보다 많아졌으므로 여비를 판비하고 장래 생활비까지라도 자기가 책임을 지겠다는 생각을 가지고 당신을 귀국하게 하는 듯합니다. 만일 그렇다면 필립의 부모를 위하는 성의는 고마우나 그 수입은 일시적이요, 근거 있는 생산은 아니니 그것을 믿고 조선에서 살림을 차리는 것은 안전타고 할 수 없습니다.

환경문제로 말하면 내가 이왕 조선에 와 있는 바에는 다시 외국으로 나가지 않고 조선 농촌에 조용히 들어앉아서 원예, 축산, 양어 등 사업 중에서 합당한 것을 선택하여 스스로 살아가면서 주위에 있는 농민의 생활 개선을 권장하며 청년들을 모아 직업 교육이나 시켜 가면서 세월을 보낼까 하였더니 근래는 관변측에서 흘러나오는 말을 들으면 내가 그네들에게 찾아다니면서 굴복하는 태도를 가지지 아니한다는 이유로 나로 하여금 조선에서 농촌운동, 직업운동, 기타 무엇이든지 일을 도모치 못하게 할 작정이라 하고 내가 출옥 이후 일년 반이나 넘도록 아무것도 아니하고 다만 정양만 하고 침묵하고 있었건마는 그네들은 주목을 심히 하여 나의 오고 가는 것과 일반 행동을 조사하는 것은 물론이거니와 나를 찾아오는 사람들까지 붙들고 무례히 조사하고 강연하는 것을 금하며 환영하는 것까지 금하는 모양입니다. 내가 이러한 환경에 처하여서 무엇을 하겠다고 관변에 구구히 다니면서 아첨하는 태도를 취할 수 없고 그렇지 아니하면 아무 것도 못하고 의미 없는 시간을 보낼 터이니 장차 어찌할까 하고 앞길을 질정(質定, 옳고 그름을 묻거나 따지거나 하여 밝힘)하기 곤란합니다.

이처럼 주목을 받고 있는 바 혹 특별한 경우에는 내 신세가 다시 어찌 될런지 예측하기 어렵습니다. 나의 환경이 이러하여 뜻을 질정하지 못한 이때에 당신을 들어오라고 하기가 미안합니다. 당신과 아이들을 보고 싶은 정도 간절하고 한 번 가정 단락 생활도 하여 보고 싶은 생각이 없지 아니하나 내 처지와 환경이 이러한 이상에 구태여 가정 단락 문제는 아주 끊어버리고 끝까지 독신 생활로 몸을 그냥 가볍게 하여 가지고 형편을 좇아 이리저리 굴다가 세상을 마치는 것이 적당치 아니할까 합니다.

앞으로 조선 형편을 더 살피고 하고 싶은 일 중에 더러 시험하여 소일감이나 생기고 한 가족이 살아갈 만한 안전한 사업이 준비가 된다면 그때에 서로 모이는 것이 가하거니와 오늘의 경우에 있어서는 차라리 만나고 싶은 정을 억제하는 것이 낫지 아니할까 합니다. 조선 안에 있는 친구들 중에서 혹은 속히 외국으로 나가라고도 권하고 혹은 조선에 영주하여 여생을 평안히 지내라고도 합니다. 나를 산간에서 조용히 정양하라고 두 친구가 태평동 위 내동(이용선 군의 고향) 위에 대보산 송태라는 산지를 샀고 몇 친구들이 적은 집 4칸 가량을 지어주는데 한월(寒月, 추운 겨울)이 되면 필업(畢業, 일을 마침)이 될 듯합니다.

이곳은 아무 수익이 없는 곳이라 한때 수양이나 하지 상주하며 살 곳은 못됩니다. 장차 농촌에 가서 무슨 생산 사업이나 농촌운동을 하려면 후원할 뜻을 가지는 이도 다소 있기는 있습니다마는 이 위에 말한 바와 같이 난관되는 형편이 있어서 곤란합니다. 그러나 앞으로 금년 겨울까지는 더 지내 보려고 합니다. 다른 사정도 알려 주려 하다가 편지가 너무 길어지므로 훗번에 미루고 그만둡니다. 당신이 내 편지를 보고 다시 생각하여서 의견을 곧 알리어 주세요. 당신의 편지를 본 후에 나도 더 생각하려고 합니다.

제2차, 제3차 전보도 다 받았습니다.

八월 七일 안창호

제3장

자녀에게 보낸 편지

제3장 자녀에게 보낸 편지

1. 1915년 7월 9일

칠월 9일 네 아부지

내 필선아 네가 이즈음에도 마취(march, 행진)를 잘 하며 동해물 백두산도 잘 부르느냐 나는 잘 있노라. 수산이도 잘 노느냐 또 어머님과 필립이가 다 평안하냐.

칠월 九일 네 아버지 (엽서) (파나마에서)

안필선 Pilson Ahn   1411 w 4thst. Los Angeles Cal.

2. 1918년 3월 23일

아들 필립에게

저번에 네가 보낸 편지를 보고 또 어머님의 편지를 보아서 네가 평안하고 공부도 잘하며 신문을 잘 돌리는 것을 알고 기뻐하노라. 또 네가 박아서 보낸 네 동생들의 사진을 반가이 보았다. 그러나 네 사진이 없으니 매우 섭섭하다. 나는 너를 항상 보고 싶다. 네가 신문 돌리는 일을 그같이 잘 견디어 오랫동안 일하니 내 마음이 매우 좋고 어머님 편지에 말씀하시기를 네가 지각이 더 났다고 하니 더 기뻐하고 어서 가서 네가 큰 것과 힘든 것을 보고자 하는 생각이 간절하다.

나는 편히 있고 이따금 몸이 좀 괴로우나 관계치 않다. 이곳에 있는 우리나라 아이들은 해동학교라 하는 소학교에 와서 공부를 잘 한다. 아이는 모두 13명이다. 나는 5월 20일 전에 이곳을 떠날 듯하다. 너 짬이 있는 대로 한국책을 좀 보아라.

四二五一년 三월 二十三일 네 아버지

- 멕시코 메리다에서

3. 1920년 5월 18일

내 아들 필선, 그동안에 네가 얼마나 자랐느냐. 나는 너를 항상 보고 싶다.

네게 부탁할 말은 공부를 부지런히 하여라.

四二五三년 五월 十八일 네 아버지 (엽서)

Pilson Ahn   106 w Figueroa st Los Angeles Calf. U.S.A.

4. 1920년 5월 18일

내 아들 필립

어머니의 편지를 본즉 네가 매우 컸다고 하니 기뻐하노라. 너를 매우 보고 싶다. 나는 평안히 있노라.

너는 점점 커가니 자연 아이를 떠나서 어른이 되어 갈 것이다. 네가 지금 크게 힘쓸 것은 공부다. 네 정성을 다하여 부지런히 배워라. 또는 먼저 흥사단이 무엇인가 알아보기 시작하고 사람이 할 직분이 무엇인가 차츰 생각하여 보아서 좋은 길을 택하여라.

四二五三년 五월 十八일 네 아버지 (엽서)

Philip Ahn   106 n Figueroa st Los Angeles Calf. U.S.A.

5. 1920년 8월 3일

나의 사랑하는 아들 필립

어머님의 편지를 본 즉 네가 넘어져 팔이 상하였다 하니 매우 놀랍고 걱정된다. 네 팔이 낫는 대로 나에게 곧 알려라. 네가 소학교에서 중학교 1반을 마친 것을 기뻐한다. 나는 평안하고 이번 미국에서 동양에 놀러 나온 미국 상의원과 하의원들을 만나려고 홍콩에 왔다가 그 이들이 이곳에 오지 아니함으로 만나지 못하고 수히(곧) 상해로 돌아가고자 한다.

내 아들 필립아, 이왕에도 말하였거니와 너는 나이 점점 많고 키가 자라고 몸이 굵어지니 전날 나이 어리고 몸이 적을 때보다 스스로 좋은 사람이 되기를 힘쓸 줄 안다. 내 눈으로 네가 스스로 좋은 사람이 되려고 힘쓰는 모양을 매우 보고 싶다. 너의 근본 성품이 속이지 않고 거짓말 아니하고 진실하니 이런 때문에 다른 사람보다 좋은 사람되기가 쉬우리라고 생각한다. 좋은 사람 됨에는 진실하고 깨끗한 것이 첫째이니라. 너는 스스로 부지런한 것과 어려운 것을 잘 견디는 것을 연습하여라.

네가 책을 부지런히 보느냐. 쉬지 말고 보아라. 그러나 아무 책이나 마구 보지 말고 특별히 좋은 책을 택하여 보아라. 좋은 사람 되는 법이 좋은 친구를 잘 가리어 두며 좋은 책을 잘 가리어 보는 두 가지가 매우 요긴하구나. 두 종류로 책을 택하라, 1은 좋은 사람들의 사적과 인격을 수양하는 데 관한 책이요 2는 네가 목적하고 배우는 지식을 돕는 데 관한 책이라. 이 두 가지 성질을 표준하여 책을 보고 한국글과 말을 잘 익혀라. 내가 주는 말은 네가 즐거운 마음으로 받을 줄 믿는다.

四二五三년 八월 三일 중국 홍콩에서

6. 1920년 8월 3일

　나의 사랑하는 필선, 일전에 네 어머님이 보내주신 네 사진을 반가이 보았고 또 네가 그린 그림을 보고 기뻐하였다. 그 그림을 본즉 네 재주가 좋고 또한 정성을 많이 들였더라. 나는 네 재주보다 그 정성을 더 즐기려 한다. 네가 네 어머님을 얼마나 기쁘게 하며 또 얼마나 괴롭게 하느냐? 네 어린 동생들을 잘 데리고 재미있게 노느냐? 네가 지금도 내가 집에 있을 때와 같이 거짓말을 하지 아니하느냐? 나는 항상 너를 보고 싶어 한다. 네가 나를 보고 싶어 할 줄도 안다. 내가 심은 꽃들이 다 어찌 되었느냐? 마당을 너무 더럽게 하지 말고 깨끗이 간수 하여라. 나는 평안하다. 네 이모 사촌형과 아우들도 잘 있고 너를 늘 보고 싶어 하더라.

　　　　　　　　　　　　　四二五三년 八월 三일 중국 홍콩에서
안필선 Master Philsun Ahn　106 n Figueroa st Los Angeles Calf.
　　　　　　　　　　　　　　　　　　　　　　　　U.S.A.

7. 1920년 후반

공부 중에 심리를 화평하게 하는 것이 가장 큰 공부이다. 이는 가장 큰 행복의 지름길이다.

괴로운 환경에 처한 자가 심리를 더욱 화평하게 공부를 할 필요가 있을 것이다.

언제든지 웃으면서 지내거라.

1920년 후반 상해에서 (엽서)

8. 1925년 4월 15일

나는 덴버까지 왔고 오늘은 시카고로 가겠다. 내가 심은 버드나무에 물을 좀 주어라.

四月 十五일 네 아버지 (엽서)

Mr. Philsun Ahn   106 n Figueroa st Los Angeles Calf. U.S.A.

9. 1925년 5월 15일

　나의 사랑하는 아들 필립, 내가 너를 작별한 후에 덴버, 시카고, 유욕, 필라델피아, 보스톤, 뉴헤븐, 폴리버 등지의 학생들을 찾아보았다. 여러 사람들이 나를 반가이 대접하고 내 말 듣기를 즐겨하더라. 네 어머님의 편지를 본 즉 네가 병이 나서 고생한다더니 이즈음에는 어떠하냐? 멀리 있어 염려된다.

　이곳에 있는 여러 친구들이 네가 동방(미국의 동부지역)으로 왔으면 좋겠다고들 한다. 김용성 군은 예일로 오게 하라 하고 다른 이들은 오하이오로 오게 하라 하는데 내가 시카고로 간 후에 더 알아보겠다. 스칼라십(장학금)은 얻을 수 있고 학교 안에서 일할 수도 있다고 한다. 내 생각에도 네가 동방으로 와서 학교 기숙사 생활을 좀 하는 것이 좋을 듯하다. 그런데 큰 학교에 들어가려면 중학교 졸업장이 있어야 할 것이다.

　필립아 너는 네 앞길을 위하여 낙심하지 말고 기운을 다하고 마음을 다하여 힘쓸 것 뿐이다. 네가 장차 귀한 사람이 될 것을 믿는다. 네가 배울 만한 것도 많다. 어서 몸을 튼튼히 하여라. 나는 두 달 후에 뉴욕을 떠나서 다시 필라델피아로 가려고 한다.

　　　　　　　　　　　　　四二五八년 五월 十五일 네 아버지 (엽서)

Hotel Teresa New York

Mr. Philip Ahn　　106 n Figueroa st Los Angeles Calf. U.S.A.

10. 1925년 5월 15일

　내 아들 필선, 네 몸이 평안하고 마음도 즐거움이 많으냐? 나는 동방 여러 곳을 다녔고, 지금은 뉴욕에 있다. 수히(곧) 필라델피아로 갔다가 다시 시카고로 가려고 한다. 필선아, 그동안에 남에게 동정하는 생각이 얼마나 많아졌으며 더 점잖해 졌느냐? 내가 어서 집에 돌아가서 네가 행하는 것을 보고 싶다. 마당을 깨끗이 하고 내가 심은 나무에 물을 좀 주어라.

　　　　　　　　　四二五八년 五월 十五일　네 아버지 (엽서)

11. 1925년 5월 23일

내 딸 수산,

네가 어떠하냐. 나는 지금 필라델피아에 있다. 너는 어머님을 기쁘게 하여라.

五月 23 네 아버지 (엽서)

Soosan Ahn   106 n Figueroa st Los Angeles Calf.

12. 1925년 5월 23일

내 딸 수라,

너는 잘 있느냐? 나는 평안하다. 내가 너를 늘 보고 싶다. 내달에 집에 가보겠다.

1925년 5월 23일 네 아버지 (엽서)

13. 1925년 7월 5일

나의 사랑하는 아들 필선아,

나는 너를 보고 싶다. 네가 방학한 후에 무엇으로 재미를 붙이느냐? 나는 늘 평안하다. 수히(곧) 시카고를 떠나서 몇 곳을 다녀서 집으로 가려고 한다. 필선아 네가 지금에 좋은 뜻을 세우고 좋은 습관을 길러야 좋은 사람이 될 것을 잊지 말아라. 네 어머님과 동생들에게 기쁨을 얼마나 주느냐.

四二五八년 七월 五일　네 아버지

Lexington Hotel

MICHIGAN BOPLEVARD AT22 no AT.　Chicago,＿＿＿＿192

14. 1925년 7월 5일

나의 사랑하는 아들 필립

네가 이즈음에 어머님 모시고 평안하냐? 나는 특별한 연고가 없고 시카고에서 볼 것은 대강 다 보았다. 일간 떠나서 디트로이트로 갔다가 캔사스를 다녀서 덴버와 빙햄과 다른 몇 곳을 다녀서 집으로 갈 터이니 이달 15일 내외로 집에 갈 듯하다. 네 형 영도가 예배 2일에 와서 반가히 만나보고 예배 5일에 뉴저지로 갔다. 네 형은 각처로 다니면서 전도하는데 와서 듣는 사람들이 많다고 한다.

내 아들아, 너는 네 앞길을 위하여 조금도 낙심 말도 힘써 준비하여라. 동방에 와서 공부할 곳들이 있다. 그런데 중학교를 꼭 졸업하는 것이 좋겠다. 너는 굳게 결심하고 금년 가을부터 다시 중학교를 졸업하기로 생각하여라, 너는 마음만 든든히 가지면 성공이 있을 줄 믿는다.

　　　　　　　　　　　　　四二五八년 七월 오일　네 아버지

　　　　　　　　　　　　　　　　　　　Lexington Hotel

　　　　MICHIGAN BOPLEVARD AT22 no AT.　Chicago,

　　　Mr Philip Ahn　106 n Figueroa st Los Angeles Calf.

15. 1925년 7월 6일

내 딸 수라

너는 이즘에 잘 노느냐? 놀다가 꽃나무들을 상하게 하지 말아라. 나는 지금 시카고에 있다. 너희들 보고 싶어서 집에 속히 돌아가려고 한다. 장리욱 선생도 노스앤젤레스에 가실 터이니 반가이 만나게 될 것이다.

四二五八년 七월 오일 네 아버지

Lexington Hotel

MICHIGAN BOPLEVARD AT22 no AT. Chicago,

Mr Philip Ahn 106 n Figueroa st Los Angeles Calf.

16. 1925년

수산 보아라.

네가 잘 있느냐. 나는 너희들이 보고 싶다. 하루에 한 번씩 필선이한테 국문을 잘 배워라. 잘하면 내가 상금을 주겠다.

1925년 (엽서)

POST CARD

PUBLISHED BY EDW H MITCHELL SANFRANCISCO

17. 1920년대 후반

공부 중에 심리(心理)를 평화(平和)케 하는 공부가 가장 큰 공부이다. 왜? 가장 큰 행복인 때문에

괴로운 환경에 처한 자가 심리와 평화를 더욱 공부할 필요가 있을 것이다.

언제든지 킵 스마일(Keep Smile)

18. 1930년대 초

나의 사랑하는 어린 아들 필영

네가 보낸 편지를 받아 보았다. 그처럼 팔이 상하여서 내게 글을 써보낸 것을 보고 기특하게 생각한다. 네 팔이 어찌하여 그렇게 상하였느냐? 가엾은 생각을 어떻다고 말할 수 없다. 너는 낙심하지 말고 공부를 열심히 하고 운동도 부지런히 하여서 장차 팔이 상치 않은 사람보다 더 활동하도록 결심하고 노력하여라.

1930년대 초

19. 1932년 11월 8일

필립에게

네가 어머님을 모시고 동생들을 데리고 잘 있느냐. 네가 나를 대신하여서 집안을 위하여 힘쓴 것을 고맙게 생각하는 것은 다 말할 수 없다. 금년에는 꼭 집에 가서 너를 도우려고 하였더니 불행히 이같이 됨으로 뜻을 달하지 못하였다. 나는 평안하고 밖에서 들여 주는 의복과 음식에 다 만족하니 근심하지 말아라.

어머님이 보낸 귤을 잘 먹었다고 말씀드려라. 피터집 식구가 다 평안히 살 자리를 잘 정하였느냐.

十一月 八日 付

京城府 峴底洞 101番地 安昌浩

20. 1934년 10월 1일

나의 사랑하는 딸 수산,

네 형 맥결이가 나를 위하여 애도 많이 쓰고 나한테 다니기에 시간과 돈도 많이 썼다. 네가 편지로 고마운 뜻을 표해라. 9월 5일에 네가 보낸 편지를 반가이 받아서 자세히 보고 기뻐하였다. 내가 너를 품에 안아서 재워 주던 것이 어제 같은데 지금에는 네가 대학생이요, 영 레이디가 되었고 수라의 토오 딴스(Toe dance)를 보던 것이 어제와 같은데 지금은 중학을 마치고 대학으로 가게 되었으니 참 세월이 빨리 달아난 것을 깨닫겠다.

나의 사랑하는 딸 수산, 수라 너희들이 공부를 잘하여 품행이 아름답고 어머님께 효성이 있고 동생들과 우애하여 항상 어머님으로 기쁘게 하니 내가 비록 옥중에 있을지라도 너희들을 생각하고 기쁨을 가진다. 네 오라버니 필립이도 대학에 다니는 것을 좋게 생각하고 필선이가 그처럼 공부에 힘쓰고 특별히 어머님을 항상 도와 드린다니 참 기뻐한다. 필영이가 그같이 활발하게 장난을 잘 한다니 매우 기뻐한다. 다만 우리 집 앞 언덕 위에는 어두워서 다니지 말고 연약한 나무에는 자주 오르지 말라고 하여라.

나는 별고 없고 이왕에 하루에 한 번씩 밖에 나가서 운동하였는데 얼마 전부터 매일 오전과 오후로 두 번씩 운동하니 매우 좋으며 매 예배 6일에 유성기 소리도 듣는다.

내가 옥에서 나갈 날이 명년 11월 18일이다. 네가 법과를 택하였으니 그 중의 가정에 관한 것을 특별히 주의하여 연구하기를 바란다. 너는 대학을 마친 후에 조선에 와서 일해야 할 터인데 조선에 개량할 것이 많은 중 가정생활의 개량이 매우 필요하다. 우리 집 앞 언덕길이 이전과 같으냐? 혹 고쳤느냐? 연못에 연꽃이 남아 있느냐? 또 토란 나무는?

너희들이 매우 바쁘지마는 뜰을 깨끗하게 거두고 화초를 잘 길러라. 이것도 아름다움을 사랑하는 좋은 습관을 양성하는 한 과정이다.

십월 일일 네 아버지

제4장

친지에게 보낸 편지

제4장 | 친지에게 보낸 편지

1. 1907년 1월 27일

본집에 계신 여러분 전에 고하옵나니 그 동안에 온 집내가 평안하오며 서로 화락하는 복을 잃지 아니하셨는지요. 만일 혹 잃으면 급히 다시 찾아서 서로 사랑하여 화락함으로 영광을 상주(上主, 하나님)에게 돌리시기 바랍니다.

저는 무탈히 일본 요고하마까지 왔는데 주일이나 모레는 동경으로 가겠습니다. 제가 에와(Ewa, 하와이에 있는 장소 이름)에 가서 작은 아버님과 차손이를 반가히 보았고 차손이를 편(便, 어디를 오고 가는데 이용하는 교통수단)있는 대로 먼저 들여보내라 하였으니 들어가거든 불쌍한 동생을 잘 헤아리고 교훈하여 학교에 다니게 하세요. 작은 아버님과 작정하기를 금년 7, 8월 작은 어머님은 능백 씨 가는 편에 본국으로 먼저 가시게 하고 작은 어머님은 그 후에 미국으로 들어가시게 작정하였습니다.

왜 그같이 작정하였는가 하니 작은 아버님께서 미국에 길이 계시지 않고 본국으로 돌아가서 사실 터인데 작은 어머님과 아이들이 다 미국으로 가고 보면 공연히 선가(船價, 배삯)를 내왕(來往, 오고 감)에 많이 내지 않게 하고 또 미국에서 여러 식구가 지내기도 어려울 것이기 때문에 작은 어머님은 먼저 본국으로 바로 가시고 작은 아버님은 미국으로 들어가서 차손이 공부할 동안 뒤를 보아주시고 또 제 뒤도 거두어 주시다가 차손이가 스쿨보이나 다닐 만하면 본국으로 가시게 하였습니다.

  작은 어머님을 위하여 전장(田莊, 논밭)을 사라고 100원을 주시고 또 50원은 이 뒤로 보내시겠다고 하니 한국 돈으로 30냥 가량이라 매우 잘 되었습니다. 만일 작은 어머님과 같이 미국에 가면 이 돈 다 없어지게 하고 도리어 빚질 듯하옵더군요.

광무 11년 1월 27일 - 본가

2. 1907년 2월 15일

   그동안에 온 집이 다 평안하오며 지내는 규모도 날로 나아 가는지요. 저는 일본 동경에서 공부하는 사람이 한 600명 가량 이온데 재미있는 일이 많고 또 미국에 있는 동포들을 친형제같이 사랑하더군요. 제게 편지하려면 평양으로 하시기 바랍니다.

광무 11년 2월 15일 安 - 본가

3. 1914년 6월 6일

형님이 보내신 편지를 반가이 보고 미쳐 답하지 아니하였사오니 미안합니다. 그동안에도 체후(體候) 일안(一安)하신지요. 저는 전과 같사오며 집안 아이들은 많이 앓다가 지금은 다 나았사옵고 본 흥사단우 윤지한 씨가 저간(這間, 그동안) 병세가 위중하신데 조금 차도가 있으십니다.

혜서(惠書, 편지) 중에 형님께서 이왕 정하신 주의를 변치 아니하시고 북미실업회사와 흥사단을 아울러 사랑하여 입참(入參, 들어가서 참여함)하시겠다 하오니 만만 감사합니다. 오늘 우리는 준비하는 직분을 가진 사람이오나 준비해야 될 것은 많은데 준비는 더디오니 사랑하는 형님은 충성과 용맹을 다하여 품으신 뜻을 속히 실시하시기를 바라나이다.

四二四七, 六月 六일 안창호 - 안치호 형님께

4. 1932년 5월 24일

나의 사랑하는 처제

나로 인하여 근심을 많이 하는 줄 압니다. 과히 염려 마세요. 미국 율사(律士)를 보낸 고로 어제 만났습니다마는 그런 일을 다 그만두세요. 내가 이미 있는 이곳에 들어온 이상에 무슨 방법으로든지 속히 나갈 수가 없고 조선에 돌아가서 끝이 날 줄로 압니다. 그런즉 밖에서 무익한 수고를 하지 마세요. 내 자신에 관한 것은 자연에 맡기고 스스로 안심(安心)을 공부하려 합니다. 아직 악형을 받은 일은 없고 대접을 너그러이 합니다. 음식도 좋고 자는 처소도 깨끗합니다. 내가 윤봉길이나 이봉창 사건에 도무지 관계가 없으니 큰 위험은 없을 것입니다. 밖에서 안심을 하라고 하세요.

리무상 씨한테 이를 고친 값이 얼마인지 알아보고 우선 얼마든지 힘이 미치는 대로 상해에서 변통하여 물어 주고, 미주 본집에 기별하여 다 물어 주게 하세요. 이 안에서 돈을 쓸데가 별로 없으니 보내지 말고 음식도 보내지 마세요. 이곳에서 내가 담배 피우는 것을 특별히 허락하였으니 담배나 금하기 전까지 보내 주세요. 장 권사는 장차 어디서 지내게 될런지 염려됩니다. 잘 위로하여 주세요. 미주에 편지하여 누구든지 나를 위하여 오지 말라고 하세요. 미주에 위로하는 편지를 잘하여 보내세요. 나도 장차 편지 하겠습니다.

1932년 5월 24일 상해 일본영사관 유치장에서

五月 二十四日 안창호

From C. Ahan
Ave. F Office Pa○○, 1014
   House N̲o̲ 30
   Shanghai China

                      Mrs. C.H. Ahan,
                      106 n, Figuaeroa st
                      Los Angeles Calf.
                      U.S.A.

대한민국국부 도산안창호전서 발간위원회

위원장	박만규
위원	박화만·정철식·박철성
집필위원	Ⅰ권 박만규·박화만
	Ⅱ권 박만규·박화만
	Ⅲ권 박만규
	Ⅳ권 박화만
	Ⅴ권 박화만

대한민국국부 도산안창호전서 Ⅳ
도산 안창호의 편지

초판	2025. 5. 10.
엮은이	박화만
발간	대한민국국부 도산안창호전서 발간위원회
펴낸곳	흥사단
주소	03086 서울특별시 종로구 대학로 122
전화	02-743-2511~4
팩스	02-743-2515
홈페이지	www.yka.or.kr
이메일	yka@yka.or.kr
디자인·인쇄	세창문화사 (☎ 1544-1466)

ⓒ 사단법인 흥사단

ISBN	978-89-88930-59-5
ISBN	978-89-88930-55-7 (세트)

값 15,000원